UN

COLLÉGE

EN PLEIN SOLEIL

OU

L'ÉDUCATION AU XXe SIÈCLE

PAR

H. MOUCHON

PARIS

LIBRAIRIE SANDOZ ET FISCHBACHER

G. FISCHBACHER, ÉDITEUR

33, RUE DE SEINE, 33

1880

EN VENTE A LA MÊME LIBRAIRIE :

Saint-Denis. — Imprimerie J. BROCHIN, rue de Paris, 94

UN

COLLÉGE EN PLEIN SOLEIL

SAINT-DENIS. — IMPRIMERIE J. BROCHIN, RUE DE PARIS, 94.

UN

COLLÉGE

EN PLEIN SOLEIL

OU

L'ÉDUCATION AU XXe SIÈCLE

PAR

H. MOUCHON

PARIS

LIBRAIRIE SANDOZ ET FISCHBACHER

G. FISCHBACHER, ÉDITEUR

33, RUE DE SEINE, 33

1880

PRÉFACE

Dans la lutte actuelle de l'esprit laïque contre l'esprit clérical, surtout en ce qui touche à l'enseignement et à l'éducation, nous sommes entièrement du côté du premier. Mais, pour que cette lutte aboutisse, il est essentiel que l'esprit laïque montre sa supériorité par des faits. Pour cela, des réformes importantes sont urgentes, indispensables. J'en indique trois en courant :

1° Substitution d'une méthode vivante et libérale aux méthodes mortes, que nous ont léguées les jésuites;

2° Modifications profondes dans les conditions de l'internat;

3° Changement radical dans les rapports des maîtres avec les élèves.

Pour être complet, il faudrait en signaler une quatrième : l'harmonisation de l'enseignement religieux avec les besoins modernes. Nous l'espérons de l'avenir, et nous l'indiquons dans cet ouvrage. Pour le moment, on ne peut demander qu'une seule chose : l'extension de la liberté de conscience dans tous les établissements universitaires, l'égalité parfaite de tous les cultes, le respect de la volonté des familles, même quand elle les rejette tous.

Pour réaliser ces *desiderata*, nous ne voyons qu'un moyen pratique : fonder de toutes pièces, avec un personnel jeune, capable, ami du progrès, un, deux, trois colléges modèles. Si la réforme réussit, il faudra bien que le reste suive. Mais qu'on se hâte, et surtout qu'on se défie d'un système, qui consisterait à « coudre quelques pièces de drap neuf à un vieux habit! »

Dans les pages qu'on va lire, nous essayons de tracer l'esquisse d'un de ces colléges modèles. Qu'on examine notre plan, qu'on le critique, et qu'on fasse mieux.

UN

COLLÉGE EN PLEIN SOLEIL

CHAPITRE PREMIER

CE QUE JE VIS DE NOUVEAU DANS LA PETITE VILLE DE F*** ET DANS SES ENVIRONS.

J'étais depuis plusieurs années sous le coup d'une obsession pénible. J'aime la jeunesse, et je gémissais de voir combien, en général, pères, mères et précepteurs de toute espèce semblent s'être donné le mot pour la dresser mal au combat de la vie. J'aurais voulu faire quelque chose, — je ne savais quoi, — pour amener, pour préparer au moins une réform dans l'enseignement, et surtout dans l'éduc. ion. J'avais confié mes idées à quelques hommes de bien, qui les avaient à moitié comprises, mais qui les jugeaient pour le temps un peu chimériques. J'avais tenté, selon mes moyens, quelques essais pratiques, qui n'avaient pas trop mal réussi, mais que des circonstances diverses ne m'avaient pas permis de conduire à terme. Enfin, je m'étais décidé à composer un grand ouvrage sur la matière, et j'avais commencé d'en écrire quelques parties, quand je fus saisi d'un dégoût subit qui m'arrêta court : je prenais le chemin de tomber dans le pédantisme, et le mot seul me fait peur ! La Providence eut pitié de moi, en me fournissant d'un seul coup, dans une vue claire, la synthèse vivante des choses, dont le détail aurait fini par me rebuter tout à fait.

Un jour, j'avais été plus qu'à l'ordinaire poursuivi par mes idées. Un peu avant le coucher du soleil, je m'endormis de lassitude sous un berceau de verdure, non loin de la rivière qui baigne les murs de la petite ville de F***, où j'étais en visite chez un ami. J'avais beaucoup joui de la vue du site admirable qui s'étendait sous mes yeux, et je ne sais quel lien s'était formé entre ces lieux charmants et les pensées tumultueuses qui s'agitaient dans mon esprit.

Tout à coup, — et ces choses ont encore pour moi une réalité si présente, que je me demande si c'était un rêve, — je fus comme réveillé en sursaut par des cris, des éclats de rire et un trépignement de pieds, qui m'arrivaient comme l'écho d'une joie enfantine et bruyante.

Je me lève, et, mettant la tête hors de ma cachette, je me trouve en présence du spectacle le mieux fait pour charmer mon cœur. Une troupe de jeunes garçons vifs, alertes, à la mine franche, au corps robuste, les joues colorées par l'animation et par la santé, se répandaient dans la campagne et commençaient de se livrer sous mes yeux aux exercices les plus variés.

Dans un vaste emplacement bien uni et couvert de sable, s'élevait un gymnase beaucoup plus complet qu'aucun de ceux que j'aie jamais vus, avec des portiques, des tours, des pyramides, des chevaux de bois, des perches, des cordes et des échelles de toutes sortes, qui le faisaient ressembler de loin aux mâtures d'une flottille serrée dans un port.

En un clin-d'œil, il fut envahi par un groupe de jeunes gens de douze à quinze ans, qui, l'habit bas, les manches retroussées, la démarche fière, en entreprirent l'assaut et présentèrent bientôt le tableau le plus pittoresque et le plus divertissant que l'on puisse voir. Monter, descendre, sauter, ramper, courir, tous les exercices les plus fantastiques, les plus hardis tour à tour, les plus gracieux ou les plus grotesques, s'entrecroisèrent sous mes yeux et me firent passer par une succession et un mélange de sensations indéfinissables. C'était une émulation prodigieuse, un fourmillement inouï.

Un personnage plus grave, probablement un

moniteur, se promenait à pas lents dans ce tourbillon de bras, de têtes, de jambes, relevant l'un, soutenant l'autre, poussant un troisième, encourageant et gourmandant de la voix et du geste. Plus d'une chute assez lourde se produisit à deux pas de moi, et je sentis plus d'une fois le frisson passer dans mes veines.

Cependant, quand je m'aperçus que ces accidents n'avaient pas de suites, que ceux qui les éprouvaient se relevaient bien vite sans l'assistance du moniteur, qui ne s'en émouvait guère, et rentraient aussitôt en lice avec un nouvel entrain, je me remis en mon sang-froid et me livrai sans réserve à cette satisfaction que procure la vue de la difficulté vaincue ou, pour mieux dire, supprimée par l'exercice et par l'adresse.

Je me demandai alors où j'étais, et ne fus pas peu surpris de voir que je n'avais changé ni de contrée, ni presque de place. La rivière roulait ses ondes tranquilles dans le même lit;

c'étaient les mêmes coteaux, les mêmes campagnes, avec quelques touffes de bois de plus ou de moins, et, sur la rive opposée, la même petite ville, avec des quais plus propres, des maisons plus blanches et un aspect plus coquet.

Par malheur, un gros pont de pierre me gâtait un peu l'horizon à droite, du côté que j'aimais le mieux, et je ne fus pas peu étonné d'y voir passer à toute vapeur un long train composé de wagons d'une forme que je n'avais jamais vue.

A mi-coteau, au-dessus de moi, dans une situation magnifique, s'élevait une ample maison bien pourvue d'air et de lumière, derrière laquelle s'étendaient d'assez vastes dépendances. Sur les ailes, et semées capricieusement dans des bosquets de verdure, on voyait d'autres constructions moins hautes et de dimensions beaucoup plus modestes, qui paraissaient avoir cependant quelque parenté avec la première.

Le tout formait d'ailleurs un tableau fort agréable, et je me sentis envahi par un vif sentiment de bien-être.

J'avais fait machinalement quelques pas dans la direction des maisons, quand je fus brusquement ramené vers le gymnase par le bruit d'un corps tombant lourdement à terre et par le brouhaha qui s'ensuivit parmi les élèves.

Ce qui me causa surtout une indicible émotion, ce fut d'entendre au même instant mon nom répété par cinquante voix. Or, personne ne paraissait m'avoir remarqué, personne en ce moment n'avait les yeux tournés vers moi : ce nom était évidemment celui du jeune homme auquel l'accident venait d'arriver. Je me précipitai vers le groupe, je le fendis comme une flèche et me trouvai en un clin-d'œil près de mon homonyme.

Le pauvre garçon était étendu par terre dans un état d'immobilité complète : il était tombé sur le côté et sur la tête d'une hauteur d'au moins quatre mètres, et devait avoir reçu un fort ébranlement au cerveau; du reste, il ne paraissait avoir aucune contusion grave.

Je me penchai vers lui avec intérêt. Je le soulevai dans mes bras d'un mouvement presque involontaire, et, appuyant sa tête sur mon épaule :

— Allons, messieurs, m'écriai-je, montrez-moi le chemin !

— Permettez ! ceci est mon affaire, intervint le moniteur d'un ton rogue; et, avant que j'eusse eu le temps de faire un mouvement ou de répondre un seul mot, il enleva mon fardeau et l'emporta comme une plume. Les élèves suivirent en foule. Je les accompagnai à distance, après quelque hésitation; mais, arrivé près de la maison, un sentiment de fausse honte m'arrêta court et me cloua sur le seuil.

Préoccupé de tout ce que je venais de voir et d'entendre, surtout de cette homonymie singulière, qui, je ne saurais dire pourquoi, me semblait autre chose que l'effet d'une coïncidence fortuite, je jetais autour de moi des regards distraits et maudissais cette timidité excessive, qui paralyse trop souvent chez moi la parole et l'action. Je fus tiré de ma rêverie par un bruit de conversation et d'éclats de rire, qui se rapprochait de plus en plus, et au milieu duquel je pus saisir ces paroles :

— Dites-moi, messieurs, avez-vous lu le livre de ce pédant de X... ? Il veut nous ramener aux vieilles méthodes et à la discipline du bon vieux temps. Ah ! ah ! ah ! l'imbécile !... Depuis qu'on a supprimé la robe, il atteste le ciel que tout est perdu. Avez-vous lu la fameuse tirade : « Nous marchons aux abîmes ? » C'est le sublime du grotesque.

— C'est peut-être moins plaisant que vous ne pensez. C'est un des mille indices de la réaction qui s'opère. Avez-vous entendu parler du grand établissement qui se fonde à S... pour remettre en pratique toutes les théories du vieux X... ? On m'a dit qu'il est sur les rangs pour se faire nommer Directeur : comprenez-vous la manœuvre ? Au fond, X... est un vieux égoïste et un vieux sceptique : son livre m'a écœuré.

— Moi, je continue d'en rire. Qu'il joigne, s'il le veut, la pratique à la théorie, je plains les jeunes gens qu'il va crétiniser par son influence; mais allez ! ce n'est pas un mal que l'expérience se fasse, nous n'avons pas à craindre la comparaison.

— On ne remonte pas le fleuve de la liberté, dit à ce moment une voix sentencieuse et nasillarde.

— Vive Victorin ! messieurs. Voilà le mot de la situation : on ne remonte pas le fleuve de la liberté ! Que voulez-vous dire après cela ? Messieurs, fumez-vous un cigare après dîner ?

A ce moment, le groupe d'où étaient parties ces paroles sortit d'un bosquet et se trouva près de moi. Ce groupe se composait de cinq ou six messieurs de différents âges, en costumes d'été très-bigarrés, à l'exception d'un seul qui contrastait avec les autres par sa mine sévère et son air légèrement pédantesque.

Au milieu du groupe marchait, en se dandinant, un gros monsieur à la mine ouverte, à l'air réjoui, qui parlait très-fort en riant beaucoup, et qui me parut être le principal interlocuteur du petit dialogue reproduit plus haut. Il tapait sur l'épaule de son voisin, se frottait les mains, ôtait et remettait son chapeau trois fois par minute, se caressait la cuisse avec complaisance, bref paraissait épanoui comme un lézard au soleil. Une forte moustache ombrageait sa lèvre, et d'énormes favoris tombaient sur ses joues.

Je me reculai de deux pas et portai la main à mon chapeau. On répondit à ma politesse, et le gros monsieur surtout me regarda d'un air bon enfant qui m'encouragea.

— Pardon, messieurs, hasardai-je, quel est ce beau bâtiment?

— Beau! Ah! ah! ah! par exemple, vous n'êtes pas difficile, me dit le gros monsieur en riant beaucoup. Dites grand, ouvert, confortable, ce que vous voudrez ! Mais pour beau, non, c'est autre chose. En fait d'architecture, voyez-vous ! nous n'y entendons plus rien dans notre siècle rectiligne. Le commode, monsieur, le commode, voilà ce qui nous tue : le sens du beau, le goût, le génie, pst !... pas plus que sur la main.

Et il gesticulait et faisait mouvoir son chapeau dans le vide en disant cela.

— Monsieur a sans doute la vue très-basse ? me dit un petit monsieur du groupe, le monsieur bien mis, d'un ton légèrement narquois.

— Qui peut vous le faire dire ? répliquai-je un peu piqué. Au contraire, j'ai la vue excellente.

— Vraiment ! messieurs, notre conseil municipal n'a pas de chance, répliqua mon interlocuteur en se tournant vers ses compagnons. Il vote pour notre façade une enseigne de six pieds de haut, et à quinze pas de distance monsieur ne peut pas lire... la seule personne sans doute qui en aura jamais besoin.

Je levai les yeux, et fus plus déconcerté que je ne puis dire, en lisant au-dessous des fenêtres du premier étage, en gros caractères blancs sur fond bleu :

COLLÉGE DÉPARTEMENTAL ET MUNICIPAL

fondé en 1950.

Et, au-dessous, en caractères un peu moins gros :

Quartier des Moyens.

Le groupe s'était arrêté. Je devais avoir dans tout mon air quelque chose de bien étrange, car ces messieurs me regardaient avec un étonnement peu dissimulé. De fait, tout ce qui se passait autour de moi, et surtout ce 1950 écrit là sur cette façade, et dont je ne pouvais détacher les yeux, m'avait un peu tourné l'esprit.

— Messieurs, dis-je après une longue pause et avec effort, excusez-moi, je viens de voir tomber un jeune homme. . .là-bas. . .au gymnase;

on l'a emporté précipitamment, et je ne suis vraiment pas sûr qu'il ne se soit pas tué sur le coup. C'est ce qui vous explique...

Un mouvement d'étonnement douloureux se fit dans le groupe. Le monsieur aux grands favoris m'interrompit brusquement.

— Savez-vous son nom ? me dit-il.

— On l'a nommé devant moi : il me semble qu'il s'appelle M...

— Charles !... c'est Charles. Ah ! c'est bien lui... Il est si imprudent... Je le lui ai dit cent fois. Mais la jeunesse !... Quel malheur ! le plus brave, le plus généreux ! Un cœur d'or... Je crois que je l'aime plus que mes enfants. Ah ! courons ! Vous dites qu'ils l'ont ramené.

Le pauvre homme me fit pitié, tant il était bouleversé. La consternation était générale. Toute ma timidité était tombée comme par enchantement, je me sentais déjà l'ami de tous ces messieurs, et je mettais le pied pour les devancer sur la première marche du grand escalier, lorsque la porte du collège s'ouvrit ; plusieurs élèves en sortirent au même moment, et nous en vîmes un très-pâle que soutenaient deux de ses camarades. C'était Charles M... en personne.

Je renonce à décrire la scène qui se passa sous mes yeux. Je crus que le monsieur aux grands favoris allait tomber frappé d'apoplexie foudroyante : il devint pourpre d'abord, puis de la pâleur d'un linge, et demeura une minute environ sous l'empire d'un tremblement convulsif, qui l'obligea de s'appuyer sur moi et sur un autre de ses voisins. Tout à coup il partit comme une flèche, gravit d'un bond les trois ou quatre marches qui le séparaient du péristyle, écarta les deux jeunes gens qui soutenaient le jeune M..., et tint celui-ci longtemps embrassé, en roulant deux grosses larmes, sans articuler un seul mot.

Nous étions tous absorbés dans la contemplation de cette scène muette, et je n'avais pas remarqué en arrière du groupe des élèves un monsieur d'une cinquantaine d'années environ, de haute taille, à l'air noble et grave, qui intervint tout à coup.

— Allons, mon cher Martin, dit-il d'une voix douce et ferme, en s'adressant au personnage sur qui tous les regards étaient fixés, c'est assez; vous voyez bien que Charles n'a pas besoin d'émotions. Duval et Raymond, continuez avec lui votre promenade. Et vous, messieurs, dit-il en s'adressant aux autres élèves, reprenez vos jeux, vous avez encore vingt minutes.

Les deux jeunes gens, qui conduisaient Charles, descendirent lentement l'escalier en le soutenant, les autres se dispersèrent et nous demeurâmes seuls ensemble sous le péristyle.

Ce péristyle était des plus agréables. De sveltes colonnes de fonte d'environ trois mètres et demi de haut supportaient une toiture en zinc légèrement inclinée et garnie au bord d'une dentelure élégante. Le sol élevé, comme je l'ai dit, de quelques marches au-dessus de la terrasse était large d'environ trois mètres et clos devant par une balustrade à hauteur d'appui. Des plantes grimpantes, rosiers, vignes-vierges, glycines et autres tapissaient entièrement le mur au-dessous, s'enroulaient autour des colonnes et retombaient capricieusement en grappes ou en bouquets près de la toiture. Celle-ci, peinte en blanc vif par dessous, formait une sorte de réflecteur continu, qui renvoyait le jour vers les fenêtres d'ailleurs hautes, larges et nombreuses du rez-de-chaussée. Une belle porte, encadrée par deux colonnes de pierre s'ouvrait sur l'escalier et au milieu du péristyle. Au-dessus on lisait cette inscription gravée en lettres d'or sur une plaque de marbre noir : « *Forti, non ignavo.* »

Je n'eus que le temps de jeter un coup d'œil rapide sur le panorama qui se déroulait devant moi. Ce panorama bien connu me sembla, — peut-être n'était-ce qu'une question de situation et de point de vue, — s'être revêtu d'une splendeur nouvelle. Jamais ces coteaux, dont la longue chaîne se perdait à l'horizon, ne m'avaient paru si verts, si riants; jamais la plaine ne s'était montrée à moi si peuplée de blanches habitations ni si riche. La rivière serpentait entre des touffes de verdure plus épaisses, et de grands arbres majestueux se penchaient sur l'eau transparente ; quelques voiles blanches apparaissaient au loin sur le fond vert, enfin une vraie flottille se livrait sous mes yeux aux évolutions les plus variées. Il faut dire que le ciel s'était mis de la partie pour prêter à ce tableau gracieux un cadre digne de lui ; vous ne pouvez imaginer une température plus clémente, un air plus transparent et plus pur, un ensemble de conditions mieux choisies pour répandre sur toutes choses et faire monter à tous les cœurs un parfum de douceur et de poésie.

Nous étions au déclin d'une de ces belles journées d'avril ou de mai, qui pressent le mouvement de la vie dans les veines de la nature, donnent une commotion électrique aux cœurs les plus engourdis et précipitent les âmes rêveuses dans un torrent de pensées ineffables. Derrière nous, le soleil se couchait à l'horizon; en face de nous, ses derniers rayons caressaient d'un attouchement léger les blanches maisons du quai aux contrevents verts, et quelques flèches agiles ne semblaient s'élancer des toits que pour prolonger de quelques secondes ce charmant adieu. Il n'était pas jusqu'au pont lui-même qui, tout à l'heure, m'avait paru si massif, qui, vu ainsi de haut et de loin, ne vînt mêler comme une sorte de beauté sévère à ces grâces, sans lui un peu molles.

— Allons, mon bon Martin, remettez-vous, vous êtes trop impressionnable. Quand on se mêle d'élever la jeunesse, il faut se posséder un peu plus. Tenez, vous voilà plus malade que Charles.

Ces paroles furent prononcées du ton de voix le plus amical par le grand monsieur récemment venu, pendant qu'il prenait dans sa main celle du pauvre Martin, qui s'était assis sur un banc pour s'empêcher de défaillir.

— Sac... à papier, je sais que c'est stupide d'être ainsi bâti. Que voulez-vous ? C'est plus fort que moi, riposta Martin en se soulevant avec peine. Mais aussi, que diantre ! on ne jette pas ainsi des tuiles à la tête des gens.

Ces dernières paroles m'atteignaient en pleine poitrine. Je sentis le besoin de me justifier, et je n'éprouvai aucun embarras à le faire.

— Pardonnez-moi, Messieurs, m'écriai-je, si je vous ai fait part d'une manière indiscrète des craintes dont j'étais moi-même assiégé. Je venais d'assister aux évolutions de ces jeunes gens, et, peu habitué que je suis à des exercices pareils, j'en étais déjà vivement impressionné, quand la chute de ce pauvre garçon est venue me donner le coup de grâce. Je l'avais entendu tomber si lourdement ! je l'avais vu emporter inanimé, et je pouvais bien... D'ailleurs, je ne savais pas, Messieurs, quel intérêt puissant vous attachait à ce jeune homme, et moi même...

— Il paraît que Monsieur est bien étranger aux discussions vitales qui s'agitent depuis près d'un siècle autour de la grande question de l'éducation, dit en m'interrompant le petit monsieur au ton sec qui m'avait déjà fait la leçon au sujet de ma vue basse. Je ne croyais pas que personne ignorât en France les points essentiels de notre système éducatif et les résultats pratiques obtenus dans plus de trente établissements de l'importance de celui-ci.

— En tous cas, répondis-je avec un aplomb qui m'étonna, je ne pense pas, mon cher Monsieur, que vous comptiez comme un de vos résultats les meilleurs celui qui consiste à faire casser le cou aux gens, ou très-peu s'en faut. Quant à l'intérêt que je porte aux méthodes d'éducation, j'ai le regret de vous dire que vous n'en avez pas mieux jugé que de la portée de ma vue. C'est à l'examen de ces questions que je consacre la meilleure partie de mes études et de ma vie, et c'est cet intérêt même qui vient de me valoir l'honneur de vos leçons, puisque c'est lui précisément qui m'amène au milieu de vous.

— Je n'avais pas, Monsieur, l'intention de vous offenser, me fut-il répondu d'un ton aigre, et j'ai assez de mes leçons réglementaires pour me dispenser d'en donner hors de propos.

— Monsieur, me dit alors le dernier venu, qui était en même temps le doyen du groupe, d'un ton où se mêlaient à doses égales l'enjouement et la bienveillance, vous ne connaissez pas notre ami Victorin : c'est le doctrinaire de la liberté. Il a secoué tant de jougs, et cela par raison démonstrative, qu'il s'est affranchi même de la gaieté.

— C'est-à-dire, monsieur le Directeur, répondit Victorin d'un ton qui s'efforçait d'être naturel, que je suis, *todidem verbis*, l'homme le plus ennuyeux du monde.

— Dieu me garde, mon ami, de dire une pareille chose ! Vous êtes tout simplement un des éléments du grand tout, une des fonctions du grand organisme. Ah ! nous préserve le ciel de n'avoir que des gens gais ! Voilà qui serait la quintessence de l'ennui... Mais, monsieur, ajouta-t-il en se tournant de mon côté, je vous demande pardon à mon tour, je me laisse aller à faire du transcendantalisme, comme dirait Victorin, et ce n'est pas là ce dont il s'agit. Vous êtes étranger ; vous venez, je le suppose, pour visiter notre collége et pour étudier nos méthodes. Soyez le bienvenu au milieu de nous ! Chez nous, tout marche au grand jour : vous pourrez tout voir, tout apprécier ; nous ne craignons, — n'est-ce pas, messieurs ? — ni la concurrence, ni la critique. Après nous avoir vus à l'œuvre, il vous sera loisible, monsieur, de nous approuver ou de nous combattre. J'ose espérer seulement que vous ne nous refuserez pas votre estime. Vous voyez en moi le Directeur de ce collége, et je vous présente mes professeurs, disons mieux, mes collaborateurs, mes collègues, car vous saurez avant toute chose que nous ne sommes pas ici une hiérarchie, mais une famille.

Nous nous inclinâmes. Je ne puis dire à quel point je me sentis touché de ces nobles et simples paroles. Je serrai avec force la main qu'il me présenta et j'acceptai, sans phrases, une hospitalité si cordialement offerte et plus vivement encore désirée.

A ce moment six heures et demie sonnèrent à l'horloge du collége. Un son bruyant et prolongé de cloche se fit entendre, et nous vîmes les élèves, isolés ou par groupes, revenir de toutes parts. Nous nous retirâmes un peu dans l'intérieur de la galerie pour dégager la porte d'entrée, et, en moins de cinq minutes, plus de cent jeunes gens passèrent devant nous sans désordre. Ils marchaient entièrement libres, et je ne vis personne pour les accompagner et les surveiller.

Un peu en arrière des autres marchaient Duval et Raymond, escortant Charles M... Celui-ci, un peu pâle encore, marchait d'un pas beaucoup plus ferme et sans être soutenu.

En passant devant nous, il s'arrêta quelques instants avec ses deux camarades, et je pus le considérer plus attentivement que je n'avais fait jusque-là.

Charles paraissait avoir de quinze à seize ans, mais pour la taille on lui en eût donné dix-huit. Il avait une physionomie plutôt expressive et caractérisée que régulière, une grande vivacité dans les yeux et une extrême mobilité dans les traits. Sa vue me causa une émotion extraordinaire; il me rappelait d'une manière frappante un de mes fils plus jeune que lui... Je ne pus me contenir et, saisissant sa main que je pressai avec effusion, je l'embrassai sur les deux joues, au grand étonnement des assistants. Il ne résista pas, et, se contentant de jeter sur moi un regard tout à la fois naïf et malin, il rentra avec ses amis.

Le Directeur le suivit dans le vestibule, lui fit quelques recommandations à voix basse et revint prendre place au milieu de nous.

— Un de mes meilleurs élèves, me dit-il,

que ce Charles M... Nature chaude, expan sive! Il y a en lui l'étoffe d'un initiateur et d'un martyr. S'il tourne bien, ce qui est probable, et s'il ne donne pas dans quelque utopie, on entendra parler de lui quelque jour. Vous en jugerez demain soir, si vous êtes encore des nôtres : il doit donner devant ses camarades et devant nous tous une conférence sur l'éducation, en comparant l'une avec l'autre l'éducation d'il y a un siècle et celle de notre temps. Cela pourra vous intéresser.

— Vraiment, messieurs, m'écriai-je, je marche d'étonnement en étonnement, et mes notions les plus élémentaires sont bouleversées. Je ne suis pas homme de préjugé, je m'en flatte ; cependant, ce que je vois et ce que j'entends, et particulièrement cette conférence...

— Vous scandalise, allons, soyez franc. Tant mieux, monsieur, tant mieux, vous en serez meilleur juge, et, si vous êtes vaincu, j'espère que vous n'aurez pas honte de proclamer une défaite, qui ne sera pas moins honorable pour vous que pour nous. Il faut que la lumière se fasse, monsieur, il le faut !

Je ne puis rendre l'accent d'autorité et de conviction qui accompagna ces dernières paroles. Du reste, ce fut un éclair.

— Ne craignez pas, poursuivit le Directeur, avec ce ton de bienveillance qui lui était habituel, que nous voulions vous surprendre, ni vous, ni personne. Nous disons simplement à tous les hommes sincères ce que disait à son ami incrédule le disciple d'un homme, qui fut plus que nous sujet à contradiction : « Venez et voyez ! » Mais le souper doit être prêt, ayez la bonté de me suivre. Messieurs, au revoir !

D'un geste amical, il congédia ses professeurs qui se retirèrent tous, à l'exception d'un seul ; puis il entra dans le collége, et je le suivis. Le professeur, resté seul, attendit vers la porte et, par discrétion sans doute, n'entra que quelques instants après nous.

Nous traversâmes un vestibule très-spacieux et très-élevé, qui me parut être, autant que je pus juger dans le demi-jour, une sorte de musée.

Les murs étaient tapissés de tableaux, de gravures et de dessins de toute sorte. Des bustes et des plâtres, qui me parurent en général des reproductions de l'antique, se dressaient çà et là sur des piédestaux de bois ou de pierre, et il me sembla les voir s'animer et causer à voix basse à notre passage.

Nous gravîmes trois ou quatre marches, mon hôte ouvrit une large porte vitrée, et nous fûmes dans l'escalier intérieur.

Au premier étage, cet escalier aboutissait au milieu d'un long corridor très-bien éclairé et sur lequel s'ouvraient à droite et à gauche un grand nombre de chambres numérotées, que le directeur m'apprit être celles des élèves.

Au deuxième étage, même disposition, à cette différence près que le côté du couchant était seul occupé par des chambres d'élèves, tandis que le côté opposé contenait l'appartement du Directeur et quelques pièces accessoires : l'infirmerie, la lingerie, le vestiaire, etc.

— Me voici chez moi, dit le Directeur. Je me suis installé au second pour voir les choses de plus haut et pour être tout à fait tranquille quand j'en ai besoin.

Il poussa une porte volante, ouvrit une seconde porte et m'introduisit dans son cabinet.

CHAPITRE II.

OU LE DOUX SE MÊLE A L'UTILE ET LA POÉSIE A LA PROSE.

Le cabinet du Directeur, à l'ordre près qui était irréprochable, ressemblait à tous les autres, et je me garderai bien, ami lecteur, de vous le décrire. Je m'installai dans un large fauteuil que mon hôte m'indiqua du doigt, et, tandis qu'il allumait sa lampe, je lui adressai ces paroles :

— Vous venez de me montrer, monsieur, les chambres de vos élèves. Vous me permettrez de vous en témoigner mon étonnement. Vous n'avez donc pas de dortoirs?

— Non, monsieur, pas plus que de salles d'études : chaque élève travaille et couche dans sa chambre. Trouvez-vous encore là quelque chose qui vous scandalise?

— En vérité, je ne saurais le dire, et pourtant...

J'étais assez embarrassé, et mon hôte, qui souriait malicieusement, tout en remuant quelques papiers sur la table, ne paraissait pas disposé du tout à m'aider à finir ma phrase.

Fort heureusement pour moi, la porte, — non celle par laquelle nous étions entrés, mais une porte intérieure, — s'ouvrit brusquement, et une jeune fille d'environ seize ans fit irruption dans la chambre avec toute la vivacité de son âge.

— Cher papa, fit-elle en se jetant au cou du Directeur, tu as bien tardé ce soir à monter. J'ai entendu beaucoup de bruit, il n'y a rien eu d'extraordinaire?

— Chère enfant, répondit le Directeur en se dégageant doucement, j'étais en bas à causer avec monsieur, qui est notre hôte pour...

— Oh! pour un jour ou deux, achevai-je.

— Pour aussi longtemps qu'il vous plaira, dit la jeune fille en se tournant vers moi et m'adressant un gracieux sourire. Nous avons beaucoup de place et bien peu d'occasions d'exercer l'hospitalité... Mais, pardon, je n'étais pas prévenue, et je vais...

— Pas de cérémonie, au moins, mademoiselle. C'est à cette condition que j'accepte, ou plutôt que je... m'impose.

La jeune fille était sortie, avant que j'eusse achevé ma phrase. Le père la suivit des yeux avec une inexprimable tendresse; puis il vint s'asseoir dans un fauteuil en face de moi. Après quelques instants de silence, il me dit :

— Vous avez vu, monsieur, tout ce qui me reste d'une nombreuse famille. Je n'ai plus que cette enfant : Dieu m'a ravi tous les autres, et ma chère compagne avec eux. Mais je ne murmure pas, et, bien que mille circonstances me détachent du monde et des hommes, je me sens encore lié à la terre par une chaîne bien forte et bien douce... Mais, pardon, s'interrompit-il tout à coup, vous n'êtes pas venu ici pour entendre parler de moi et de mes affaires. Vous avez dû me trouver bien dur tout à l'heure de vous laisser dans l'embarras. Au fait, votre étonnement était légitime, et je vous devais des explications que je ne vous ferai pas plus longtemps attendre.

« Ne vous imaginez pas, monsieur, que nous soyons partisans d'une liberté sans limites, et que nos chambres d'élèves en particulier soient un moyen de nous débarrasser d'une surveillance incommode. Malheureusement, la théorie dont je parle a été professée par certains hommes et réalisée même avec un insuccès et des abus dont nous portons encore la peine. La théorie de la liberté sans limites repose sur une connaissance incomplète, erronée, de la nature humaine, et sur une ignorance profonde des nécessités de l'éducation. La liberté, monsieur, c'est le but, et dans une certaine mesure aussi, mais dans une certaine mesure seulement, — entendez-le bien ! — et surtout dans une mesure progressive, le moyen ! Tout système d'éducation, qui ne fait pas discernement des âges et des individus, qui réunit en un même lieu, sous une règle identique, des jeunes gens de sept à vingt ans, est un système absurde, dangereux et immoral. C'est notre premier principe, et c'est ce qui vous explique, monsieur, pourquoi, au-dessous du titre de notre établissement, vous avez vu cette désignation,qui a dû vous surprendre : « Quartier des moyens. » Si vous descendiez à cinq cents mètres vers le sud, vous trouveriez le quartier des petits avec une organisation très-différente, avec ces salles d'études et ces dortoirs que vous paraissiez regretter tout à l'heure; et, si vous remontiez à sept ou huit cents mètres vers le nord, vous trouveriez le quartier des grands, avec une organisation moins différente sans doute, mais non pas pourtant identique. Supposez ces trois groupes réunis dans le même local, si vaste le supposiez-vous, vous tomberez infailliblement dans l'un de ces deux extrêmes : ou l'abus de l'uniformité de la règle, contre toute convenance et toute justice; ou l'abus, plus grave encore, de l'indiscipline et de la révolte. Mais nous sommes dans le quartier des moyens : si vous le voulez, restons-y.

« Nous n'avons pas dans cette maison d'enfants au-dessous de douze ans, et nous les gardons jusqu'à quinze, seize ou dix-sept. Or, à douze ans, le sentiment de la dignité personnelle commence à se montrer chez l'enfant, et, quand il n'existe pas, il faut le créer. Nous le créons, ce sentiment, et nous le développons de mille manières, et en particulier par ce moyen bien simple de constituer un chez-soi à chacun de nos élèves. En se trouvant chez lui, l'enfant commence à se sentir une personne morale ; il n'est plus un numéro, une chose. Et puis, — fait d'une grande importance, — le bon élève n'a plus à souffrir du voisinage du mauvais. Quand un élève ne travaille pas, au moins sommes-nous assurés qu'il ne dérange pas les autres.

Mon interlocuteur s'était animé en prononçant ces derniers mots. Il se tut quelques instants comme pour m'offrir la parole. Voyant que je ne la prenais pas, il continua :

— Je vous le répète, monsieur, nous ne sommes pas partisans d'une liberté sans frein, mais d'une liberté progressive. Dans cette maison, nous ne sommes ni au point de départ, ni au point d'arrivée, nous sommes en route, et voici comment nous marchons :

« Nous savons que si l'adolescent de douze, treize, quatorze, quinze ans, a besoin de liberté, il n'a pas moins besoin d'assistance et de direction. Le problème est que cette direction très-vigilante et très-assidue, se fasse sentir le moins possible, soit constituée d'une manière assez souple, assez élastique, pour se restreindre ou s'élargir suivant les besoins. Vous allez juger si nous avons réussi.

« Vous l'avez remarqué peut-être, la porte de chaque chambre est pourvue d'une sorte de guichet vitré qu'on peut fermer à l'intérieur par une petite porte métallique, mais que l'élève doit ouvrir le matin, dès qu'il se lève, et qu'il ne peut fermer que le soir, à l'heure du coucher. La surveillance des chambres est rendue ainsi très-facile. En dix minutes, on peut s'assurer que chacun est à son poste. Or, il ne se passe pas d'heure où la revue ne soit faite, même plusieurs fois. A cet effet, chacun de nos professeurs est de service à son tour, car vous saurez que l'article « maître d'études, » de quelque nom que vous l'appeliez, est complétement inconnu chez nous dans les deux quartiers des moyens et des grands. Quand l'heure du coucher est arrivée et qu'on s'est bien assuré que tous les élèves sont dans leurs chambres, un domestique passe et relève au-dessus de chaque porte une petite tige métallique adaptée à un marteau disposé pour frapper un timbre très-sonore; dès que la porte s'ouvre, on est averti ainsi de la sortie d'un élève. Avez-vous aperçu, au fond de chaque corridor, ces espèces de loges vitrées qui commandent toute l'enfilade? Deux domestiques de confiance couchent là. De leur lit, ils voient tout ce qui se passe et ont l'ordre formel, s'il se passe quelque chose d'équivoque, de me prévenir en poussant un bouton placé tout près d'eux et correspondant à un timbre électrique placé dans ma chambre. A ce signal, j'enfile ma robe de chambre et mes pantoufles, et j'accours.

— Bien! bien! m'écriai-je, mais combien y a-t-il de directeurs, à votre place, qui voudraient prendre sur eux une pareille charge!

— Une pareille charge! savez-vous combien de fois j'ai été dérangé depuis que je dirige ce collége?

— Je serais bien embarrassé de le dire; mais il me paraît...

— Eh bien! mon cher monsieur, deux fois. Voilà tout! La première, pour un élève qui avait un accès de somnambulisme; et la seconde, pour un autre élève qui avait trop mangé de fruits verts et qui en subissait les conséquences. Vous voyez que mes fonctions de surveillant de nuit sont à peu près une sinécure.

— Vous m'étonnez.

— Pourquoi? D'abord je vous défie d'imaginer une surveillance plus exacte et un contrôle plus certain. Ensuite, comme nos élèves se lèvent de très-grand matin et font beaucoup d'exercice dans la journée, le dieu du sommeil leur verse le soir ses pavots en abondance, et ils n'ont pas la moindre envie de gaspiller en actes d'indiscipline inutiles une seule des minutes que le règlement accorde au repos.

— Oui, mais je ne vois pas très-bien encore comment vous pouvez vous assurer par ce moyen de la régularité dans le lever et surtout de l'exactitude dans le travail du jour.

— Pour la régularité dans le lever, c'est bien simple, attendu que la journée commence par une récréation et que les élèves doivent être rendus, au troisième coup de cloche, — un quart d'heure après le premier, — sur un point déterminé où l'on fait l'appel. Je suis sans pitié pour les retardataires. Une des premières habitudes, je devrais dire une des premières vertus à inculquer à la jeunesse, c'est l'exactitude. Elle est extrême chez nous, et cela sans difficulté, sans rigueur.

« L'appel fait, nos élèves se dispersent pour aller jouer, comme vous l'avez vu tout à l'heure. Quand le temps est trop mauvais, — chose rare pour des gens qui ne redoutent pas les frimas, — ils se rendent aux ateliers, que je vous montrerai derrière la maison. Cette récréation dure une demi-heure ; il faut bien cela pour que les membres se dégourdissent et que l'esprit s'éveille. Alors on les rappelle, ils se réunissent dans la grande salle, je leur fais une courte lecture ou je leur adresse quelques brèves exhortations, puis je leur fais moi-même la prière, ou je la fais faire par l'un d'eux, une prière de cœur, cela va sans dire. Après quoi ils remontent dans leurs chambres et vont se préparer à leurs classes, qui commencent à sept ou huit heures, selon les saisons.

« Pendant la première récréation du matin, les domestiques passent dans toutes les chambres et relèvent les lits qui se plaquent et s'enferment très-exactement dans des espèces de niches en fer, placées en saillie contre la muraille. La chambre se trouve ainsi débarrassée, et une assez forte tentation disparue. Si les élèves veulent dormir, ils en sont réduits à le faire, assis sur une simple chaise de paille, et ils en abusent d'autant moins qu'ils peuvent être à chaque instant réveillés d'une manière désagréable.

« D'ailleurs, ajouta-t-il après une pause, la meilleure garantie de travail n'est pas dans une surveillance mesquine, qui s'arrête nécessairement à l'attitude et aux mouvements du corps, mais qui, loin de stimuler l'esprit, le paralyse et l'alourdit. N'est-ce pas une chose énorme, au contraire, au point de vue du travail, de n'être pas assujetti à une immobilité gênante? Ne l'avez-vous pas éprouvé cent fois? Rien n'est pénible, rien n'est contraire à la nature comme de rester longtemps pétrifié à la même place. Se lever et marcher par intervalles, remettre le sang en mouvement par quelques tours dans la chambre, aller tambouriner un air sur sa vitre et mille autres petits exercices de cette nature, sont des moyens excellents de secouer l'intelligence engourdie, de raviver le feu intérieur près de s'éteindre.

« Mais ce n'est rien encore, il y a des moyens meilleurs, Dieu merci ! et nous nous efforçons aussi de les mettre en œuvre. Le premier et le plus sûr, c'est de rendre le travail attrayant pour les élèves, c'est de leur ouvrir un champ assez vaste pour que leur personnalité puisse s'y mouvoir à l'aise, c'est de leur laisser une large part d'initiative et d'indépendance, c'est de tenir le plus possible en éveil les facultés d'observation, de réflexion, de raisonnement.

« Le second est d'établir un contrôle sérieux du travail accompli et une sanction non moins sérieuse de la manière dont il l'a été ; d'avoir, en d'autres termes, un bon système de punitions et de récompenses. Vous devez bien supposer, sans que je le dise, que, sur ce point comme sur les autres, nous avons fait table rase des anciens systèmes et très-largement innové.

« Voyons ! mon cher monsieur, dit-il en s'animant un peu et en se levant, permettez-moi de vous poser une question et de vous prier d'y répondre : quand un élève n'a pas fait sa tâche ou qu'il l'a mal faite, quelle est la seule punition raisonnable, utile, morale, celle que le bon sens indique immédiatement ?

— Mais... répondis-je après réflexion, il me semblerait, si je n'étais retenu par des préjugés d'enfance, que ce moyen serait d'exiger que la tâche se fît ou se fît mieux.

— Vous le voyez, monsieur, le bon sens parle, c'est bien cela, c'est évident, et c'est précisément ce que nous faisons : « Tu n'as pas fait ton devoir, mon ami, c'est bien ! Tu passeseras la journée de demain tout entière dans ta chambre, et tu le feras. » Et le devoir se fait, et en général, nous n'avons pas à sévir, parce qu'il est fait à temps. Nos élèves tiennent tant à leurs récréations, à leurs libres jeux et à leurs travaux manuels, qu'ils aimeraient mieux passer leurs nuits au travail que de s'en priver.

Le Directeur s'était levé, il parcourait son cabinet à grands pas et gesticulait en disant cela. Il s'assit et continua sur un ton plus calme :

— Quant aux récompenses, monsieur, au lieu de les ramasser à la fin de l'année et de les jeter en pâture à l'amour-propre de quelques élèves, sous forme de prix et de couronnes, nous les distribuons tous les jours et sous mille formes à tout élève qui nous satisfait, — quel que soit du reste le degré de son intelligence, — par sa bonne conduite, par son travail et par ses progrès. La première et, selon moi la plus morale, est dans la confiance plus grande que nous montrons à un élève et dans la part plus grande aussi de liberté que nous lui donnons. Ainsi nous autorisons quelques élèves à travailler, dans certains cas, deux à deux, et même trois à trois. Nous leur donnons l'autorisation d'aller à la bibliothèque, d'y travailler, d'y prendre très-librement les livres dont ils ont besoin, d'entrer seuls dans les salles de collections ou dans le cabinet de physique, de descendre même au jardin et de s'installer sous les arbres avec leurs livres et leurs cahiers. Tous les trois mois, nous faisons passer des examens sérieux et nous donnons quelques marques plus palpables de notre satisfaction à tous ceux qui nous paraissent les mériter : en général des livres, — non des livres historiés et dorés sur tranche, dont la couverture souvent vaut plus que le contenu, — mais des livres simplement brochés, appropriés aux goûts de l'élève et que nous savons qu'il lira.

« Quelquefois, ajouta le directeur, nous donnons, comme prix, une gravure, une belle photographie, une statuette, une œuvre d'art ; ou bien encore une boîte de compas, un instrument de physique, bref, tout ce qui peut nous paraître utile, en regard des aptitudes et du développement de l'enfant... Mais, ajouta-t-il, en se levant d'un mouvement brusque et tirant sa montre, nous nous attardons à causer, et ma fille doit nous attendre. Voulez-vous?...

A ce moment, et, comme si elles eussent été mues par le même mécanisme, les deux portes opposées du cabinet s'ouvrirent, l'une pour livrer passage à un jeune homme, dans lequel je reconnus immédiatement Charles M..., l'autre pour laisser apparaître une gracieuse jeune fille, qui, dans la fraîche toilette qu'elle était allée mettre, sans doute à mon intention, me parut encore embellie. Il y eut dans cette double apparition, dans cette coïncidence charmante, dans le vis-à-vis subit de ces deux frais visages qui rougirent en se regardant, je ne sais quoi de poétique et de délicat qui me fut au cœur, et qui fit passer en un instant devant moi les plus touchantes images et les plus doux rêves d'amour.

Les deux jeunes gens s'étaient arrêtés sur le seuil et semblaient pétrifiés dans des poses si gracieuses, que j'eusse voulu les fixer là pour les pinceaux d'un peintre ou le ciseau d'un sculpteur.

Le Directeur promena de l'un à l'autre un regard où je ne saurais dire ce qui dominait, de l'étonnement, de la bienveillance ou de la malice ; enfin il se décida à rompre un silence qui commençait à devenir embarrassant. Ce fut à Charles qu'il s'adressa tout d'abord.

— Entrez donc, mon jeune ami, lui dit-il du ton le plus paternel. Vous avez bien fait de venir, Charles ; je me faisais justement un reproche à votre occasion, celui de n'être pas resté près de vous, ou de n'avoir pas fait au moins demander de vos nouvelles. C'est un peu la faute de Monsieur, avec qui je me suis laissé aller à causer plus que de raison. Mais aussi, ajouta-t-il, en se tournant de mon côté, on ne trouve pas tous les jours un auditeur aussi complaisant. Enfin, Charles, comment allez-vous? Vous paraissez tout à fait bien.

Charles s'était avancé de quelques pas dans l'intervalle et avait repris son aplomb.

— Oh! Monsieur, ce n'est rien. Le médecin m'a dit que je n'avais que des contusions légères, et que j'en serais quitte pour m'abstenir pendant deux ou trois jours de tout exercice violent. Il m'a dit même que je pourrai faire demain soir ma conférence, à condition de...

— Allons, de ne pas trop vous démener, n'est-ce pas.

— Justement. C'est lui, monsieur le Directeur, qui m'a engagé à venir vous dire cela. J'ai bien frappé à votre porte, au moins, et je croyais...

— Mon cher papa, hasarda la jeune fille qui était restée immobile à la même place, le souper est servi, et tu sais que la cuisinière...

— N'aime pas qu'on la fasse attendre, c'est trop juste. Quand on a tant de gens à servir, s'il n'y avait pas d'exactitude, que deviendrait-on ?

Se tournant alors vers Charles qui ne paraissait pas du tout pressé de battre en retraite :

— Mon jeune ami, dit-il, ne voulez-vous pas être des nôtres? Voilà monsieur qui semble vous porter un vif intérêt et qui fera volontiers votre connaissance. Puis, on ne risque pas tous les jours de se casser le cou, et il faut bien que je vous offre une légère compensation, si tant est...

— Oh ! monsieur, fit Charles, avec vivacité, en jetant un regard furtif par delà le Directeur, vous ne pouviez pas m'offrir une compensation plus... honorable, et, à ce titre...

— Vous vous casseriez le cou tous les jours. Allons, allons, toujours un peu trop de vivacité, mon ami. Ne vous cassez rien du tout, et... allons souper.

Je me précipitai pour offrir mon bras à la fille du Directeur. Mais j'arrivai trop tard, elle avait fait un demi tour et s'était élancée vers la salle à manger, aussi légère qu'un papillon. Je ne pus que la suivre à faible distance, en maugréant de ma lourdeur.

Quant nous fûmes réunis tous quatre autour de la table, il se trouva — je ne sais comment — que le couvert de Charles était déjà mis. Sans retard, sur un geste de la fée mignonne qui venait d'accomplir ce petit prodige, nous nous assîmes, le Directeur en face de sa fille, et moi en face de Charles.

CHAPITRE III.

L'HOMME NE VIT PAS SEULEMENT DE PAIN, MÊME A TABLE.

Ne vous attendez pas, ami lecteur, que je vous fasse connaître le menu du dîner; je ne saurais vous le dire, non plus que le temps que nous demeurâmes à table. Je vous dirai seulement que l'un me parut exquis, l'autre fabuleusement court, et que jamais repas en ma vie ne m'a été plus agréable.

Oh! que je sentis mon cœur s'épanouir à l'aise dans cette aimable compagnie! Que de forces, que de grâces, que de promesses réunies dans ce petit espace, et comment me trouvais-je là pour les voir et pour en jouir!

Cher Directeur, ami idéal, dont mon imagination, dont mon cœur ne peut plus se séparer, je vous revois surtout dans ce cercle de famille, présidant avec une gravité douce ce modeste repas du soir. Vous êtes là, présent à mes yeux. Votre front large et sillonné porte la trace de vos longs travaux et de vos cruelles peines. Votre regard demi-voilé, qui lance à volonté ou retient l'éclair, laisse entrevoir ce feu intime, où s'alimentent vos fortes pensées, et d'où jaillissent, lumineux et chauds, vos discours. Votre geste sobre et net, sans pédantisme et sans raideur, incruste l'idée dans le mot et semble la porter jusqu'à l'esprit de l'auditeur. Que de jugements exquis, que d'aperçus lumineux, que de paroles profondes je recueillis en ce peu d'instants sur vos lèvres ! Je ne puis qu'en jeter ici quelques échantillons au hasard, comme des perles qu'on tirerait d'un écrin pour les faire rouler de ses doigts sur une table de porphyre.

— On a prétendu, disiez-vous, que l'art et

la littérature sont indépendants de la morale.

— Oui, sans doute, dans un certain sens. Mais ce qui en dépend, comme vous et moi, comme tous les hommes, c'est le littérateur et l'artiste, et je ne puis comprendre dès lors que d'une source morale sortent des œuvres immorales.

— Plus j'avance dans la vie, disiez-vous encore, plus je me sens pris et entraîné par la beauté sublime de la religion du Christ ; mais aussi, plus je la débarrasse des superfétations ridicules et funestes dont les siècles l'ont surchargée.

— Vouloir bannir la religion de l'éducation n'est pas seulement monstrueux, mais impossible. Elle occupe une trop grande place dans l'histoire et dans le monde, sans parler des meilleures aspirations de notre nature, pour qu'on puisse lui dire à volonté : « Je n'ai rien à faire de toi, je ne te connais pas. »

— Négativement ou positivement, il faut, d'une absolue nécessité, qu'on parle de religion aux enfants. Ne croyez pas ceux qui parlent de neutralité. Ceux qui n'aiment pas la religion la haïssent et ne peuvent pas plus s'empêcher de la faire haïr, que les autres ne peuvent s'empêcher de la faire aimer.

— Quand Rousseau a dit qu'il fallait retarder jusqu'à l'âge de raison pour parler de Dieu aux enfants, il n'a pas seulement énoncé un paradoxe, il a dit une absurdité.

— Si nous attendions pour parler de Dieu, de le faire dignement, nous n'en parlerions jamais, et, à ce point de vue, la distance est moins grande qu'on ne pense entre un enfant qui bégaie : « Notre Père ! » et un philosophe qui dispute sur « l'Absolu. »

— S'il faut parler de religion aux enfants, il faut leur parler d'une religion qui leur soit intelligible, qui prenne ses termes de comparaison dans ce qu'ils connaissent et qui leur rende sensibles les rapports de l'homme avec Dieu. Je ne connais que l'Évangile qui fasse cela, qui le fasse sans rabaisser Dieu et sans embarrasser notre esprit dans des contradictions insolubles.

— Quand j'ai dit avec Jésus-Christ, « qu'il ne tombe pas un cheveu de nos têtes sans la volonté de notre Père céleste, » j'en ai plus dit sur la Providence que tous les livres des philosophes, et « La Somme, » de St-Thomas ne dit rien d'aussi clair sur la liberté, sur le mal moral et sur ses effets, sur la repentance et sur la bonté de Dieu, que la parabole de « l'Enfant prodigue. »

— Celui qui a senti une fois l'incomparable beauté du Christianisme et de son auteur; celui qui, en présence de Jésus-Christ, d'une manière indépendante de toute idée métaphysique, s'est écrié du fond du cœur : « Voilà Dieu. — Voilà l'homme ! » a trouvé le point central du Christianisme. Il peut devenir cent fois hérétique, il ne cessera pas d'être chrétien.

— Ceux qui veulent rendre la morale indépendante de la religion méconnaissent grossièrement l'unité de l'âme humaine, comme celle du plan divin. Rien n'est indépendant de rien. Voilà le principe, il est universel, même quand nous n'en apercevons pas l'application. L'esprit est dépendant de la matière, et par tous les points ; comment donc une portion de l'esprit ne serait-elle pas dépendante d'une autre portion, et de la plus voisine, du même esprit ?

— Il n'est rien de si respectable, même en ses écarts, que la liberté de la conscience. Depuis que les hommes religieux n'y font plus obstacle, au contraire; depuis aussi que les formes et les formules particulières sont reléguées au second plan, la religion reprend faveur, et l'on commence à comprendre qu'elle n'est pas seulement la gardienne de la morale, mais le plus ferme appui de toutes les libertés.

— La première question, que j'adresse à chaque chef de famille qui m'amène son fils, est celle-ci : que voulez-vous que je fasse ou fasse faire pour lui, au point de vue religieux ? Et, comme on sait que je n'ai pas moins d'éloignement pour les bigots que pour les athées, il n'en est pas un seul qui ne me réponde : « Ce que vous voudrez. ». . . . .

. . . .

Mais je vous oublie, chers enfants, vous qui m'apparûtes si aimables dans votre maintien modeste et sous vos traits rougissants, et Dieu sait pourtant de quels regards je vous ai couvés et quelle tendresse pour vous je me sens toujours dans le cœur ! Je ne me représente pas Paul et Virginie plus purs et plus beaux que vous, et une secrète voix me disait que vous auriez un sort plus heureux.

J'admire encore, Amélie, ce tact si fin, cette souplesse merveilleuse, avec laquelle vous saviez vous partager entre des soins si divers.

Par moments, on vous eût dite tout entière à l'ordonnance du repas, prévoyant tout, pourvoyant à tout, donnant vos ordres sans mot dire, révélant à l'œil attentif cette science de ménagère consommée, qui ne se montre qu'en se voilant.

Et cependant, combien votre âme était loin de s'absorber dans ces soins mesquins ! Quelques paroles jetées à propos au cours de la conversation donnaient assez à connaître la part que vous y preniez ; puis, certains regards plongeant dans le vague, certaines rougeurs bientôt effacées, certains signes d'une émotion contenue que j'ai surpris sur votre visage, faisaient pressentir quelque chose de caché au fond de votre être, qui devait y tenir la meilleure place.

Et toi, que je regarde comme mon fils, loyal et brillant jeune homme, je ne sais pas comment j'ai fait, mais il me semble que, tout en en écoutant et en voyant tout le reste, je n'ai pas détaché mon regard de toi. D'autres ne t'eussent point trouvé beau avec tes yeux trop grands, ton nez irrégulier, ta bouche largement tracée, tes traits enfin trop accentués. Mais je ne te voudrais point autrement, et, ce soir-là en particulier, je t'ai vu transfiguré par l'espérance et par l'amour. Je t'ai vu, non tel que je fus, hélas ! mais tel que, jeune, j'aurais voulu être, robuste et vaillant, prêt à t'emparer de la vie sous tous ses aspects. J'aurais craint pour toi, je l'avoue, les élans d'une nature trop passionnée, si je n'avais lu sur ton front et dans ton regard limpide les marques d'une noblesse native qui ne se laissera point flétrir ; si je n'avais senti près de toi cette main ferme, sous laquelle tu as appris à te courber librement ; si je n'avais vu briller dans tes paroles des éclairs d'une raison déjà mûre, et surtout si je n'avais tout espéré des influences du plus pur amour. Tu ressembles à ces grands navires faits pour affronter les tempêtes ; on frémit à la pensée des assauts qu'ils vont soutenir ; mais on sent qu'ils demeureront, au milieu des mers en fureur, invulnérables et debout, retenus en équilibre par leur propre poids et par celui du lest immense qu'ils emportent dans leurs vastes flancs.

Peu à peu la conversation, dont notre hôte avait fait d'abord presque tous les frais, s'était généralisée et animée; je ne sais quel souffle d'expansion et de bonne humeur avait passé de l'un à l'autre; on eût dit une réunion de vieux amis, qui, ne s'étant pas vus de longtemps, s'épanouissent doucement d'abord, et puis s'échauffent par degrés; les souvenirs du bon temps s'éveillent et se croisent d'une bouche à l'autre, on rit et l'on pleure tour à tour, sans qu'on puisse dire ce qui est le plus doux, et finalement il vient un moment où la fusion des âmes s'opère, où l'on voit, où l'on sent, où l'on exprime tout en commun.

Puis, au milieu de tout cela, de petites discussions, comme la suivante :

— On prétend, disait Charles, que la jeunesse est le plus bel âge de la vie. Je crois fort que ce sont les philosophes et...

— Et les maîtres de pension...

— Peut-être... qui ont inventé cela pour nous faire prendre patience. Franchement, toujours espérer, désirer, attendre, ne voir jamais que des ombres sans aucune certitude de tenir un jour la réalité, cela ne peut pas s'appeler vivre. Pour moi, je le dis franchement, j'aspire à être homme.

— Mon bon ami, répondit le Directeur, nous y avons aspiré comme vous, et, ajouta-t-il en me regardant, nous ne nous plaignons pas trop d'y être arrivés. Il fait bon d'être à tout âge et dans toute position, quand on y est ce qu'on y doit être et quand on sait jouir des avantages qui s'y rencontrent, sans se trop mettre en peine de ceux qu'on ne peut avoir. Vous vous plaignez, mon ami, d'être dans la saison des désirs et de l'espérance ? Eh ! que direz-vous quand vous serez parvenu à celle des regrets ? D'ailleurs êtes-vous bien juste ? J'en fais juge votre vis-à-vis, est-il vrai que votre âge n'ait rien à voir avec la réalité ?

— Je suis témoin, répondis-je, que votre pensionnaire a l'un des plus robustes appétits que que j'aie jamais vus ; il me semble que c'est une réalité... hélas ! C'en est une autre aussi, je pense, que cette bonne mine et tout cet air de santé parfaite, qui s'assortissent si bien à la solidité des mâchoires.

— Comptez-vous aussi pour rien cette science que vous emmagasinez tous les jours, et cette merveilleuse aptitude que votre âge vous donne pour la recueillir ?

— Non, sans doute. Mais cette science est encore pour moi et pour les autres sans utilité pratique, et s'il me fallait toujours...

— Ah ! mon ami, permettez-moi de vous le dire, c'est trop de positivisme. Croyez-vous donc que la science n'a aucune valeur en soi ! Vous l'expérimenterez plus tard, quand vous serez lancé dans ce qu'on est convenu d'appeler le sérieux de la vie ; ce qui vous semblera le plus dur, c'est de ne pouvoir plus cultiver cette science pour elle-même, c'est de n'avoir plus ces heureux loisirs, si naturellement remplis des plus douces et, j'ajoute, des plus utiles superfluités... Mais voyons, à ton tour, Amélie, dit-il en se tournant vers sa fille, parle, quel est ton avis ?

— Mon cher père, dit la jeune fille en regardant le Directeur avec un sourire d'ineffable tendresse, quand on a le bonheur d'être placé si près d'une source intarissable de vérité et de bonté, on serait bien imprudent de regarder au-delà, et pour moi, je ne demande à Dieu qu'une chose, c'est qu'il me donne longtemps...

— Cependant, mademoiselle, interrompit Charles avec une vivacité qui laissait voir un peu de dépit, vous me ferez croire difficilement que tous vos souhaits sont remplis. Tant que nous n'avons pas la vue claire de notre vocation, tant que nous ne nous sentons pas à la place définitive qui nous est dévolue dans la société, il y a nécessairement dans notre esprit un doute et dans notre cœur une appréhension, auxquels nous préférerions souvent un malheur réel.

— Souvent, souvent !... Dites : quelquefois, mon ami, à de très-rares intervalles, quand M. Victorin vous dit sentencieusement que vous ne serez jamais qu'un âne, ou... ou quand vous êtes invité à dîner chez le Directeur.

— Oh! monsieur, moi... qui...

— Oui, vous, qui êtes le boute-en-train de tout le collége, le rieur et le chanteur par excellence, vous me ferez difficilement croire que vous vous préoccupiez tant que cela de votre vocation. Eh! mon ami, vous êtes trop heureux : vous pouvez vous emparer du monde entier par la puissance de votre imagination; vous pouvez être, à votre gré, savant, littérateur, artiste, avocat, général, et même ces deux dernières choses ensemble. L'ennuyeux, au contraire, c'est d'avoir son sillon tracé, c'est d'avoir toujours devant soi la même colline, le même fleuve, le même horizon, sans l'espoir d'aucun au-delà. Je me rappellerai toujours ce que me disait un excellent ingénieur des mines : « Je trouve mon métier si bête, — passer ma vie à tirer cette poussière noire de la terre, — que, si je ne croyais pas à l'immortalité de l'âme, j'en deviendrais fou! »

— Cependant, papa, insinua timidement Amélie, il me semble que M. Charles n'a pas tout à fait tort. Je ne parle pas pour nous, jeunes filles, notre cercle est à peu près tracé d'avance. Mais il me semble que... si j'étais homme...

— Ah! mademoiselle, s'écria Charles avec un transport contenu, combien je vous remercie de ce secours inespéré! Mais permettez-moi de n'être pas d'accord avec vous sur le rôle que vous assignez à la femme; car, outre que je voudrais voir ouverte devant elle l'entrée de toutes les carrières...

— Oh! oh! interrompis-je...

— Ou du moins de presque toutes, fit Charles en se reprenant, j'estime que, même dans notre société, telle qu'elle est, avec tous ses préjugés encore et ses prohibitions ridicules, le rôle de la femme est grand, magnifique, sublime!

— C'est beaucoup trop d'honneur que vous nous faites, reprit Amélie. Le rôle de la femme est et sera toujours nécessairement modeste. D'abord, quoi que vous en puissiez dire, sauf de très-honorables mais très-infimes exceptions, la plupart des professions, surtout des professions brillantes, nous sont invinciblement fermées. En dépit de Jeanne d'Arc et de quelques autres, vous ne supporteriez pas la pensée d'une femme militaire, et j'aime mieux ne pas savoir ce que vous penseriez d'une femme avocat, magistrat ou diplomate.

— On dit pourtant que la diplomatie, osai-je insinuer...

— Est fort notre fait, oui, je sais cela. Je n'en persiste pas moins à croire que nous serions de fort ridicules et de fort mauvais diplomates. A titre d'exception, je vous accorderai à la rigueur la femme médecin.

— Et la femme professeur, la femme artiste, la femme de lettres ! s'exclama Charles avec un lyrisme croissant. Voilà les professions idéales, celles en réalité qui mènent le monde ; et comme elles s'adaptent merveilleusement aux dispositions, au génie de la femme !

— J'en conviens, la carrière de l'enseignement doit nous être largement ouverte. Cependant il ne faut rien exagérer; sauf les exceptions toujours, les femmes n'aborderont jamais avec un bien grand succès le haut enseignement; il leur manque quelque chose, je ne saurais dire quoi, pour cela. Qu'on leur laisse le plus tard possible la direction de l'enfance, elles y réussiront à merveille, mais il est un point où elles doivent nécessairement s'arrêter.

— Ah ! vous m'accorderez au moins que dans la carrière des arts...

— Non, je ne vous accorderai que ce qui est juste. Eh bien ! c'est là surtout que les faits les plus évidents marquent à ce qu'il vous plaît d'appeler le génie de la femme sa limite fatale. Il semble que dans ce domaine, moins fermé que d'autres, les femmes auraient pu prendre facilement, si le ciel les eût douées pour cela, le rôle éminent que votre bienveillance leur assigne. Elles ne l'ont pas fait; elles sont restées là, comme en tout le reste, dans une honnête médiocrité, et vous seriez bien embarrassé de me citer, en architecture, en sculpture, en peinture, en musique, en poésie, une œuvre de longue haleine, un chef-d'œuvre vraiment classique, qui porte un nom de femme. J'y ai souvent réfléchi et j'y ai trouvé la marque certaine que la Providence nous a refusé dans ce monde, au moins en général, la part brillante et glorieuse.

— Mais enfin... cependant... dit Charles avec un embarras visible.

— Oh! je ne me plains pas, croyez-le, ajouta Amélie. Notre part demeure belle encore. D'abord, ce qu'on appelle « la gloire » est quelque chose de si relatif et bien souvent de si faux, qu'on est bien fou de se morfondre pour elle quand on ne l'a pas, ou de la regretter quand elle vous échappe. Il y a des champs immenses, des champs magnifiques, où cette belle dédaigneuse ne met jamais le pied, et où nous pouvons nous mouvoir à l'aise, plus à l'aise peut-être que... vous.

— Lesquels? demanda Charles avec effort, presque avec anxiété.

— Avant tout, monsieur, le champ du ménage et le royaume du... pot au feu. C'est là que nous brillons d'un éclat aussi... obscur qu'incontesté. Nous nous flattons aussi, mais peut-être à tort, de n'être pas sans compétence dans tout ce qui regarde la république du goût. Nous créons peu, c'est vrai, mais nous savons apprécier les créations du génie, et nos encouragements ont plus d'une fois donné des ailes à ce dernier. Enfin..., je ne sais pas si j'ose le dire, — et une vive rougeur colora ses joues, — il est un domaine dans lequel nous nous piquons d'une supériorité marquée, c'est le domaine des... affections.

Elle se retourna sur ce mot et fit signe à la bonne de servir le dessert. Charles rougit jusqu'aux oreilles, je ne savais trop quelle contenance prendre et je regardai le Directeur, qui, parfaitement maître de lui, souriait d'un air malin. Il prit enfin la parole :

— Au fond, mes chers enfants, — à ce mot les deux jeunes gens rougirent de plus belle, — vous êtes parfaitement d'accord. Vous, Charles, vous prétendez que les femmes ont un rôle sublime à remplir dans toutes sortes de domaines, que vous ne définissez pas. Et toi, ma chère Amélie, tu définis parfaitement ces domaines, et tu parais les mettre, le dernier surtout, bien au-dessus de tous les autres.

— Oh ! papa, c'est bien mal, au lieu de me venir en aide, tu m'accables.

— Bravo, bravo ! s'écria Charles, heureux de se trouver ainsi hors d'affaire... Cependant, fit-il bientôt en se ravisant, il est un point que je ne puis concéder à mademoiselle, c'est que nous ayons, nous autres hommes, une infériorité si complète dans le domaine du.... sentiment.

— Je suppose, dis-je à mon tour, que mademoiselle vous accordera bien, comme elle le faisait tout à l'heure en sens inverse, le bénéfice des exceptions.

— Oh! bien rares, bien rares, comme... tout à l'heure, fit Amélie en baissant la voix.

A ce moment, un coup de poing vigoureux appliqué du dehors, fit trembler la porte, et, sur le coup, un ample personnage fit irruption dans la salle. Il était tout essoufflé et roulait des yeux terribles.

— Ce satané enfant a juré de me faire damner, s'écria-t-il en s'avançant comme un ouragan, et, s'adressant au Directeur, figurez-vous...

— Ses bras tombèrent : il venait d'apercevoir Charles. Après un moment de silence, il prit une chaise, s'assit lourdement entre Charles et le Directeur et nous regarda tour à tour d'un air scrutateur qui voulait dire :

— Ah ça! que se passe-t-il par ici?

Le Directeur sourit et prit la parole :

— Mon cher Martin, — le lecteur l'a certainement reconnu, — c'est la troisième fois au moins que je suis pris en faute aujourd'hui, et je vais donner à monsieur une bien triste idée de mes talents de Directeur. N'accusez pas Charles, c'est moi qui suis le seul coupable. Il est venu de la part du docteur me donner de ses nouvelles, — que j'aurais dû faire demander, — et, comme nous allions nous mettre à table, je l'ai invité, sans songer à vous faire prévenir.

— Sac... à papier, m'a-t-il fait courir! Il faut vous dire, monsieur, ajouta Martin en se tournant vers moi, que je suis de service aujourd'hui et toute la semaine. Tout à l'heure, à sept heures et demie, à l'heure ordinaire enfin, je vais au réfectoire. Les élèves arrivent, je ne vois pas Charles. On me dit qu'il est monté à l'infirmerie: je l'envoie chercher. On vient me répondre qu'il n'y est pas et que le docteur lui-même est parti. J'envoie dans sa chambre: personne. Allons, me dis-je à moi-même, il aura fait encore quelque escapade de sa façon. Cependant les élèves étaient à table, je ne dis mot, le repas s'achève. Je les fais passer ensuite dans la grande salle, et, comme je ne vous vois pas là, mon cher directeur, je leur fais faire la prière, quoique... Enfin je les renvoie dans leurs chambres, et pan ! me voilà en campagne ! je monte à l'infirmerie, je cours à sa chambre, j'entre à la cuisine, je demande aux domestiques : « Avez-vous vu Charles ? » Je crois, parole d'honneur ! qu'ils m'ont ri au nez. Je cours à la physique, aux collections, au dessin, fermé partout ! je me précipite au jardin, je fouille les massifs, je cours au gymnase, j'appelle à haute voix : je n'entends que le bruissement des feuilles et le cri d'une chouette, qui s'enfuit à mon approche.

— Mais comment, cher ami, n'avez-vous pas eu l'idée ?...

— L'idée ! l'idée ! j'aurais eu plutôt l'idée de le chercher dans la lune, et j'hésitais à vous avertir, de peur de vous effrayer. Enfin, le voilà ! Dieu soit loué ! dit-il, en frappant sur l'épaule de Charles et en laissant éclater un bon rire jovial et affectueux. C'est égal, tu peux te vanter, garnement, de m'avoir donné deux fières émotions aujourd'hui !

Le directeur regarda sa fille.

— Amélie, dit-il, pour aider ce pauvre Martin à se remettre, verse-nous deux doigts de cette liqueur ambroisienne... Tu sais ? celle que tu as fabriquée de ta main.

— Ah ! oui, une liqueur de dame, fit Martin en se mordant la lèvre, je connais ça : c'est parfait quand on est malade ; mais quand on rutile de santé et de... sueur, comme moi...

Il s'épongeait le front en disant cela.

— J'entends, on a besoin d'un cordial plus sérieux. Tu as compris, Amélie ?

La jeune fille était déjà partie et revint bientôt, tenant un flacon à chaque main, tandis que la bonne apportait et disposait sur la table quatre petits verres dans un plateau.

— A tout seigneur tout honneur ! dit Amélie, en remettant un verre à Martin et en débouchant un des flacons plein d'un cognac généreux.

Et elle versa jusqu'au bord, sans en laisser tomber une goutte, avec une désinvolture charmante.

— Ah ! mademoiselle, je suis un gros vieux bourru, dit Martin, en portant le verre à ses lèvres et en avalant le contenu d'un seul trait. Mais vous amassez des charbons ardents sur mon crâne chauve, car franchement votre cognac est parfait.

La jeune fille continua sa tournée. Le directeur et moi suivîmes l'exemple de Martin, et nous laissâmes verser chacun un verre de cognac.

Quand elle arriva près de Charles, qui s'était levé et reculé dans la pénombre :

— Mademoiselle, dit-il en retirant son verre, ma tête est trop faible pour supporter... Quant au cœur, je n'en parle pas, et pour cause. Cependant, si vous voulez me verser quelques gouttes de cette liqueur très... douce, que vous avez fabriquée vous-même, je tâcherai de lui faire un meilleur accueil, et...

— Et vous me vengerez des mépris de ces messieurs.

Elle lança un regard à Charles, prit le second flacon et en fit tomber goutte à goutte la liqueur rosée dans le verre que lui tendait la main légèrement tremblante du jeune homme.

Charles but comme on lui avait versé, goutte à goutte, pendant qu'Amélie le regardait faire avec un sourire d'une mutinerie adorable. Quand il fut près de finir :

— Exquis ! dit-il en levant son verre, et il vida le reste d'un trait.

Amélie enleva prestement le verre, non sans effleurer un peu les doigts du jeune homme, et, pendant que ce dernier demeurait immobile sans trouver à dire un seul mot, elle se mit à fureter et à ranger dans la salle, sans plus paraître s'occuper ni de lui, ni de nous.

Le directeur causait avec Martin à voix basse.

Tout à coup il se retourna vers Charles :

— Allons, mon jeune ami, dit-il en regardant sa montre, l'heure du repos a sonné depuis longtemps, vous devez être encore un peu moulu de votre chute, et... je ne veux pas prolonger outre mesure votre pénitence.

Charles ne paraissait pas du tout pressé de se retirer. Pourtant il s'exécuta de bonne grâce, nous serra la main, au directeur, à Martin et à moi ; puis, s'inclinant devant Amélie :

— Je n'oublierai, dit-il, mademoiselle, ni votre appréciation sur mon sexe, ni votre ambroisie. Il ne fallait pas moins que celle-ci pour faire passer un peu celle-là.

— Je ne demande pas mieux, monsieur, répondit Amélie, qui parut se piquer au jeu, que de changer mon appréciation sur votre sexe et de lui accorder le cœur, après lui avoir donné tout le reste. Cela ne dépend pas de moi... Quant à mon ambroisie, vous vous en démêlerez avec M. Martin.

— Allons, mes chers enfants, intervint le

directeur en riant, ne recommençons pas la dispute, d'autant, ajouta-t-il en se retournant vers Charles, qu'il faut s'habituer avec les dames à n'avoir pas le dernier mot.

— Adieu, messieurs, adieu, mademoiselle, et... sans rancune, dit Charles en se retirant.

Nous restâmes quelques instants à causer. Après quoi, Martin nous serra la main et partit. Amélie embrassa son père et me souhaita une bonne nuit. Enfin le directeur me prit amicalement sous le bras et m'accompagna jusque dans ma chambre.

CHAPITRE IV.

UN RÊVE A LA SECONDE PUISSANCE.

Au moment de me quitter, le directeur m'adressa brusquement la parole.

— Ne vous êtes-vous aperçu de rien, ce soir ?

— Mais... cela dépend, répondis-je embarrassé.

— Voyons ? soyez franc : vous avez bien vu que Charles...

— Aime votre fille : oh oui ! il n'est pas nécessaire d'être bien physionomiste pour...

— Et qu'en pensez-vous ?

— Je pense... que, si j'étais à son âge, je serais bien capable d'être son rival.

Je crus voir briller dans le regard du directeur un petit éclair d'orgueil paternel.

— Fort bien, mais que pensez-vous que je doive faire ?

— Ce qu'un père sage a de mieux à faire en pareil cas : laisser couler l'eau. Aussi bien, tout ce que vous pourriez faire contre...

— Serait parfaitement inutile : c'est mon avis. Je vois avec plaisir que vous êtes un homme sans préjugé.

— Mais, je vous en prie, qui donc au monde pourrait ?...

— Ah ! monsieur, vous ne connaissez pas ce pays. Nous avons des préjugés encore bien plus haut que les collines qui nous entourent.

— Vous m'étonnez.. J'aurais cru...

— Ah ! les perruques, monsieur, les perruques ! Qui nous délivrera des perruques ?

Il me serra la main et disparut.

Je ne sais pourquoi, ce dernier mot du directeur me resta planté comme un clou, et je m'endormis en murmurant : « qui nous délivrera des perruques ? »

Ceux qui connaissent le phénomène, que l'on appelle « association des idées, » ne s'étonneront pas après cela du rêve que je fis et que je m'en vais raconter.

Je fus transporté, — en imagination, — dans un vaste édifice, tout à la fois temple, prison et sépulcre, et voici ce que j'y vis.

Une foule immense remplissait les nefs. Au centre se dressaient trois trépieds, portant d'énormes réchauds, desquels une fumée odorante, moitié encens, moitié soufre, s'élançait vers la voûte en flocons bizarres et se répandait dans tout l'édifice. Derrière s'élevaient trois objets, — ni colonnes, ni statues, ni hommes, ni bêtes, — qui paraissaient être pour la foule des espèces de divinités, et dans lesquels, avec une attention soutenue, je reconnus enfin trois... perruques, hissées chacune au bout d'un bâton, et si grandes, si grandes, qu'une seule aurait suffi pour coiffer toutes les têtes de l'hydre.

Celle de droite était surmontée d'une pyramide de casques des formes les plus variées, avec ou sans visière, avec ou sans pointe, en cuivre, en fer ou en cuir bouilli, retenus et liés par une couronne de lauriers flétrie, et terminés au sommet par un diadème ébréché complètement passé a noir par la fumée et par le temps.

Celle de gauche, la plus austère et la plus simple, s'épanchait par derrière en une longue queue bien serrée, et portait quelques légers marteaux près des tempes. Toutes les sortes de bonnets, ronds, carrés, ovales, évasés, pointus, canelés, bombés, rentrants, — en drap, feutre ou peau de lapin, — ornaient son chef vénérable et garnissaient jusqu'aux points d'où les oreilles auraient pu sortir. Si le don de la parole eût été accordé aux perruques, je ne doute pas que celle-là n'eût parlé latin, grec, hébreu, et peut-être même sanscrit. Je ne pus retenir, à son aspect, un long bâillement, mais je fus touché par son air triste, et je sentis quelques pleurs tomber de ma paupière sur ma joue.

La troisième, celle du centre, dominait les deux autres, comme... le clocher domine l'église, et celle-ci les chétives maisons des hommes. Bien plus, on eût dit qu'une main invisible la soulevait par intervalles et, sans le poids immense qui la ramenait toujours vers la terre, je ne sais si elle n'eût pas percé la voûte pour s'élancer vers le ciel.

Un trait bien remarquable la distinguait de ses voisines. Tandis que celles-ci portaient mille coiffures bizarrement enchevêtrées, elle n'en avait que trois, solidement jointes et formant entre elles un tout aussi indivisible que majestueux. A la base, une vaste calotte, — image sans doute de celle du ciel, — abritait sa ronde superficie. Le chapeau de Basile, démesurément agrandi, étendait par-dessus ses ailes, aussi longues que celles d'un archange, et plus noires que celles d'un corbeau. Enfin une espèce de tour, — mitre ou tiare, je ne sais, — surmontait, dominait, écrasait le tout.

Je demeurai, à cette vue, dans un état d'ébahissement dont je ne serais pas sorti de sitôt, sans un incident qui n'est pas le moins extraordinaire de tout ce récit.

Quelque chose, tout à coup, venant de derrière moi, passa sur ma tête et vint frapper en plein le bonnet pointu, pyramidal et mélancolique, qui formait sur la perruque de gauche la partie centrale et dominante de sa coiffure. Tout l'édifice, — celui de la perruque, j'entends, — en fut ébranlé, tous les bonnets frémirent, un marteau se détacha des tempes et roula à terre; enfin le bonnet, cible ou... martyr, comme il vous plaira l'appeler, vacilla sur sa base, s'inclina sur l'abîme et finalement resta suspendu en arrière dans une position qui s'éloignait de vingt-cinq degrés environ de la verticale.

Quant au projectile, — qui devait être une

pomme, — il s'aplatit sur l'endroit indiqué avec un *claffement* si drôle, il s'y étala si risiblement en une cocarde étoilée et produisit dans tout l'ensemble un bouleversement si comique, que je partis d'un éclat de rire suivi d'une foule d'autres, et que je rirais encore sans... vous allez voir.

L'émotion causée par le coup avait été profonde, d'autant plus qu'un éclat de l'obus humide, projeté sur le bord du chapeau de Basile, en fit mieux ressortir la noirceur, tandis qu'un autre allait faire tache sur la seule partie demeurée brillante du diadème de droite.

Mon hilarité prit des proportions homériques et la contagion gagnait de proche en proche mes voisins, quand... je ne sais d'où ni comment, une grande machine noire descendit sur moi, sous laquelle, en un clin d'œil, je disparus tout entier.

Je tombai à terre et me trouvai assis, la tête dans mes mains, dans la posture d'un homme qui réfléchit. Je réfléchis en effet que je n'étais guère plus malheureux qu'auparavant et, rasséréné aux trois quarts par cette philosophique pensée, je me soulevai un peu et me mis en devoir d'entreprendre, — nouveau Robinson, — la découverte de mon île. Ce fut bientôt fait.

En étendant ma jambe à ras du sol et la promenant tout autour de moi, je touchai de tous les côtés et demeurai convaincu qu'un cercle à peu près parfait formait la base de ma prison. J'en augurai que ma prison tout entière devait avoir la forme d'un cylindre, ce qui me fit penser au tonneau de Diogène et ne laissa pas de me causer une satisfaction relative.

Pour achever de me convaincre, j'étendis le bras. Ma main se promena sur une surface arrondie aussi, mais évidemment de moindre rayon. Mon cylindre se changeait en tronc de cône, mon tonneau en vaste gobelet : ce fut un premier échec pour mon amour-propre.

Je me dressai entièrement. Ma tête touchait de toutes parts, mais une petite pointe évidée s'élevait encore par dessus : je ne pouvais en douter, j'étais sous un cône entier, autrement dit, sous un éteignoir !! Cette découverte fut pour moi la source d'une humiliation profonde, et je me laissai retomber à terre dans un accablement douloureux.

Je fus tiré de ma prostration par les bruits du dehors, qui parvenaient jusqu'à moi. J'entendis dans le lointain un prélude d'orgue ; puis des voix s'élevèrent, je devrais dire plutôt, s'abaissèrent, — tant elles étaient sépulcrales ! — et les paroles suivantes, chantées sur le rhythme du « *De Profundis,* » vinrent frapper mon oreille :

Ci-gît un grand hérétique
Étique,
Sous cet éteignoir d'étain
Éteint.

Par lui la cérémonie
Honnie,
A manqué tout son effet,
Et fait

Plus d'un cent de fous sourire,
Ou rire

De ta désolation,
Sion !

Mais sa science éphémère
Est mère
Des pleurs, sous son éteignoir
Tout noir.

Voilà son air formidable
Au diable,
Et ses efforts terrassés.
Assez !

— Oui, oui, assez ! répondit du fond de l'édifice une voix tonnante, renforcée bientôt par des milliers d'autres voix.

En même temps, — pim, pan, pif, paf! — j'entendis un vacarme épouvantable ; je ne sais combien de vitres volèrent en éclats, — ce qui dut donner un peu de jour et d'air dans la salle, — et des projectiles de toutes sortes passèrent en sifflant sur ma tête, je veux dire, sur mon éteignoir. Je sentis que quelque chose de grand s'accomplissait ; — j'aurais voulu prendre part à cette mêlée générale, décocher mon trait ou lancer ma pierre ; je criai de toutes mes forces, je frappai des pieds et des mains contre les parois de ma prison : cris inutiles, vains efforts ! Je tombai sans force et sans voix et, brisé de fatigue et d'émotion, je ne demandai plus qu'à mourir.

Je mourus en effet. Heureusement je ne m'en trouvai pas plus mal... au contraire. Je fus transporté, frais et jeune, et sans le moindre éteignoir sur la tête, au milieu d'une belle route, qui me parut monter toujours, mais d'une pente si douce, dans une atmosphère si pure, sous des ombrages si bienfaisants, que ceux qui marchaient devant moi semblaient prendre incessamment de nouvelles forces, et que je m'élançai sur leurs traces, plein d'espérance et de joie.

Un homme, auprès duquel les plus grands eux-mêmes paraissaient comme des enfants, mais qui portait dans sa taille majestueuse une grâce incomparable, marchait devant nous, se retournant par intervalles pour nous indiquer du doigt les sites les plus beaux et nous en donner les noms. Il s'arrêta à un certain point, nous fit signe de le suivre dans un bosquet à droite, et, à travers une éclaircie d'arbres, nous montra une grande plaine à une profondeur vertigineuse sous nos pieds. J'y vis distinctement, malgré la distance, les ruines d'un grand édifice, que je n'eus pas de peine à reconnaître. Des cuirasses, des casques, des armes brisées, toutes sortes d'objets étranges et informes jonchaient le sol tout autour, vestiges d'une longue et terrible lutte ! Au milieu des ruines, au sommet d'une longue perche, un grand objet noir, une sorte d'épouvantail, se balançait au souffle du vent.

— Vous voyez, nous dit notre guide, le dernier vestige de la grande folie humaine, mais bien des siècles passeront encore sans le renverser.

Je regardai avec attention, et je reconnus... *le chapeau de Basile !!!*

CHAPITRE V.

UN COUP DE FOUDRE DANS L'AZUR.

Toutes les images précédentes s'étaient effacées peu à peu... Tout à coup j'entendis, — sans pouvoir me rendre compte si c'était rêve ou réalité, — des accords si harmonieux et si doux, que je me crus transporté au septième ciel. C'étaient des voix humaines, mais d'un timbre céleste, qui chantaient dans un rhythme large et religieux les louanges du Créateur de la nature et du Père des esprits. Jamais je n'ai senti mon âme se fondre dans un sentiment plus pur, et, j'ai presque dit, plus divin. Mes mains, comme d'elles-mêmes, se joignirent sur ma poitrine, mes yeux restèrent demi-clos, et je m'associai de cœur à cet hymne saint, dont les paroles frappèrent si nettement mon oreille et s'imprimèrent si profondément dans ma mémoire, que je puis les reproduire ici sans en omettre une seule :

Créateur tout-puissant, Maître de la nature,
Suprême ordonnateur, Père éternel et saint,
C'est dans un cœur d'enfant, c'est dans une âme pure
Que ta gloire le mieux se reflète et se peint.

Te connaître et t'aimer, t'aimer et te connaître
Et par toi s'élever à toute vérité,
Te servir en esprit, n'avoir que Toi pour Maître,
Suivre en Toi la justice et fuir l'iniquité :

C'est le vrai bien, Seigneur, le seul que la prière,
En montant jusqu'à Toi, fait descendre des cieux,
C'est le bonheur, la paix, la vie et la lumière,
Et la seule grandeur qui subsiste à tes yeux.

Rends-nous libres ainsi ! Que ton soleil se lève
Dans nos cœurs, ô mon Dieu, comme sur ces coteaux;
Qu'il monte à son zénith et que son cours s'achève
Dans un monde meilleur et sous des cieux plus beaux !

- Puis une voix se détacha, vibrante, sur toutes les autres, qui l'accompagnèrent en sourdine, et cette strophe ailée monta jusqu'à moi :

En attendant, amis et frères,
Le réveil près de Dieu là-haut,
Bénissons-le dans nos prières
De nous avoir donné tous les biens qu'il nous faut
Pour le glorifier déjà sur cette terre :
Santé, force, espérance, amour,
Et science, et devoir austère,
Et le repos des nuits, et le travail du jour !

Enfin, toutes les voix reprirent en chœur, dans un élan d'une admirable puissance et dans un crescendo sublime :

Au travail, au travail, avec zèle, avec joie,
Avec la foi vaillante et qui supplée à tout !
Si l'obstacle se dresse au milieu de la voie,
Travaillons et luttons ! La victoire est au bout.

Ces dernières paroles produisirent sur moi l'effet de l'éperon sur un cheval rétif. Je sautai à bas du lit et me trouvai au milieu de la chambre. Un rayon de soleil matinal pénétrait par les persiennes entr'ouvertes, et formait sur la tapisserie du fond mille capricieux dessins. J'enfilai mon pantalon à la hâte, puis j'ouvris, toutes larges, fenêtres et persiennes, et je m'enivrai de cet air frais du matin qui vous arrive tout chargé du parfum des fleurs et des herbes. J'avais vu la veille le coucher du soleil; j'assistais à son lever qui n'était pas moins beau, je vous le jure.

De légères vapeurs montaient de la rivière, serpentaient le long des coteaux et se perdaient dans l'atmosphère, prêtant aux formes des objets un vague plein de charme, et donnant aux perspectives une étonnante profondeur. L'eau scintillait par-dessous de l'éclat des rubis et des diamants, comme le soir, au feu des bougies, celui d'une riche parure, qu'envelopperait une gaze légère. Rapides comme des oiseaux, quelques batelets glissaient çà et là, en la léchant à peine, à la surface de l'onde, et une grosse barque, toutes voiles dehors, se dessinait lourde et majestueuse à l'horizon. Au milieu de ce riant paysage, la ville m'apparut comme une belle châtelaine en robe blanche du matin, qui veut jouer à la paysanne et s'essaie timidement à poser son pied nu dans l'eau.

Cette vue produisit dans tout mon être un rajeunissement subit. Je me sentis vif, alerte, gai comme un pinson, avee des fourmillèments dans les jambes, toute sorte de sentiments joyeux dans le cœur et d'idées folles dans la tête; pour un peu je me serais lancé à travers l'espace en faisant le saut périlleux.

Mais j'oublie le plus intéressant du tableau. Sur la grande terrasse, devant la maison, là tout à fait sous mes fenêtres, les élèves du collége étaient rassemblés, ou plutôt dispersés en groupes ondoyants et tumultueux comme les flots de la mer. Ils allaient, venaient, se rejoignaient ou se séparaient tour à tour, s'adressaient la parole ou se frappaient sur l'épaule en passant, se donnaient une poignée de mains ou se lançaient un mot à distance, bref laissaient s'écouler de mille manières ce trop plein de séve et de vie qui est le propre de la jeunesse et qu'on n'empêche pas impunément de se manifester au dehors.

Papa Martin, un chapeau de paille à larges bords posé, je ne sais trop comment, sur la tête, et un grand bâton ferré à la main, se promenait parmi les groupes, comme un gros canard pattu parmi ses poussins. Partout où il passait, il multipliait le rire et la joie; on se pressait pour l'entendre, on provoquait ses saillies, on les saisissait au vol, elles circulaient de bouche en bouche comme un courant électrique et laissaient partout derrière elles comme une traînée de bonne humeur et de gaieté. Heureux enfants! heureux maître!

Tout à coup il se fit un silence. D'eux-mêmes les élèves se rangèrent et se découvrirent avec respect; je me penchai à la fenêtre et je vis le directeur descendre l'escalier. Arrivé sur la terrasse, il porta la main à son chapeau, salua à droite et à gauche, serra la main de Martin et engagea avec lui une conversation à voix basse, qui dura quelques minutes. Après quoi, sur un geste qu'il fit, une trentaine d'élèves se détachèrent de la masse et vinrent se ranger autour des deux maîtres.

Ils étaient tous vêtus d'un costume de toile, — non point uniforme cependant, — avec les pantalons rentrés dans les guêtres et sur leurs têtes des chapeaux d'une paille grossière ornés de rubans de couleurs voyantes. Un grand nombre étaient munis de boîtes à herboriser, quelques-uns portaient sur l'épaule des pelles et des pioches légères, d'autres avaient sous le bras ou passés en bandoulière de grands cartables de collectionneur. Tous paraissaient allègres, dispos, et quand, après leur avoir adressé quelques mots, le directeur donna le signal du départ, nul ne se fit tirer l'oreille, ils entourèrent Martin et disparurent avec lui si vite, qu'on eût dit qu'ils l'emportaient dans un tourbillon.

Eux partis, les autres élèves s'approchèrent du directeur, soit isolément, soit par groupes. Après quelques mots échangés, chacun tira de son côté et, dans moins de dix minutes, la place fut vide.

Le directeur s'avança de quelques pas au milieu de la terrasse, leva les yeux vers moi, me fit de la main un signe amical et rentra dans la maison. Moins de deux minutes après, il était dans ma chambre.

Il tenait une lettre à la main. Son air soucieux et préoccupé contrastait avec sa sérénité habituelle, et il était facile de lire sur ses traits qu'il n'avait pas dormi de la nuit.

Il s'efforça de sourire en me saluant, et me demanda comment j'avais reposé; puis brusquement, sans transition, il me passa la lettre qu'il tenait à la main et me dit :

— Lisez !

L'enveloppe, absolument veuve de timbre, portait cette simple suscription : « A mademoiselle Amélie G... »

J'ouvris la lettre en tremblant. Elle était écrite à la hâte et fort griffonnée. J'y lus ce qui suit :

« Mademoiselle,

« Il est des sentiments d'une telle nature,

que l'âme se refuse à les contenir plus longtemps. Il faut qu'ils éclatent, dussent-ils porter la foudre avec eux.

« Vous le savez, je vous aime : mon regard vous l'a dit cent fois, et toute mon attitude durant cette soirée, pour laquelle je donnerais dix ans de ma vie, vous l'a dit bien plus fortement encore.

« Vous êtes mon rayon de soleil, ma force, ma joie, et surtout mon espérance; car sans vous, Amélie, sans la perspective mille fois bénie de recevoir un jour votre main et de vous donner mon nom, la nuit se ferait dans mon âme, plus terrible et plus profonde que dans le dernier cercle des enfers, et, je le dis sans hésiter, il ne me resterait plus qu'à mourir !

« Pour le moment je suis heureux, heureux comme le papillon, qui, secouant à peine sa lourde enveloppe, essaie son aile tremblante et aperçoit la première fleur dans son éblouissante parure et tout humide encore de la rosée du matin; heureux, — ah ! pardonnez cette comparaison qui offense peut-être vos sentiments pieux! comme l'archange qui soulève sa paupière timide pour contempler la lumière incréée.

« Oui, je suis heureux. Non que j'aie la sotte prétention d'avoir su vous plaire ou de mériter seulement la faveur d'un de vos regards; mais je vous sais bonne, Amélie, généreuse, aimante, — oh! ne vous en défendez pas! — et je sais que vous ne refuserez pas de laisser tomber sur moi, comme une grâce imméritée, un rayon de sympathie.

« Si vous m'accordez cela, moins encore, — voyez où je consens à abaisser mon âme fière! — un regard de pitié, c'est assez! Je saurai conquérir le reste; je saurai, à force de travail, de persévérance et de fidélité, me rendre digne de vous, et, qui sait? peut-être parviendrai-je à effacer jusqu'à ma laideur et à paraître beau à vos yeux.

« J'ai hésité jusqu'à ce jour à vous écrire. Après cette soirée, je n'hésite plus. Je foule aux pieds ce préjugé absurde, qui oblige un homme à cacher dans son cœur un sentiment noble et saint. C'est devant Dieu, Amélie, dans un cœur pur, dans une conscience sans reproche, avec la pleine approbation de ma raison, que je dépose ici l'assurance de mon éternel amour, en retour de laquelle je ne demande, comme je l'ai dit, qu'une seule chose : la grâce de vous mériter.

« Peut-être trouverez-vous dans ma conduite une sorte d'indélicatesse et presque une trahison à l'égard d'une personne, à l'approbation de laquelle je tiens presqu'autant qu'à la vôtre propre : je veux parler de votre père. Si j'avais eu vingt-cinq ans, une position faite, j'aurais passé par lui pour aller à vous. Un sentiment, dont je n'ai ni le temps ni le pouvoir de me rendre compte, me crie que, dans les circonstances présentes, cette voie n'était pas possible. Du reste, je me sens si sûr de l'honnêteté de mes vues et de la loyauté de mon cœur, que je vous autorise pleinement à lui communiquer cette lettre. Autant je me sens empêché de lui faire une ouverture directe sur mes sentiments, autant je me sentirai libre et joyeux de recevoir ses questions, ses avis, même ses reproches, persuadé qu'inspirés par un sentiment de justice et de bienveillance, ils ne pourront tourner qu'à votre bien comme au mien propre. Rien ne me serait plus pénible que de paraître manquer de droiture.

« Quant au moyen employé par moi pour vous faire parvenir cette lettre, — j'aurais pu certainement en trouver un autre. — n'y voyez qu'un gage de plus de mon affection et qu'un éclat de ma nature : il me plaît de courir le risque de me casser la tête pour arriver jusqu'à vous.

« Quelque chose me dit, Amélie, que vous ne briserez pas mon bonheur. Quoi qu'il en soit, je suis à vous de cœur et d'âme pour l'éternité.

« Charles M... »

J'avais commencé la lecture de cette lettre

sous une impression pénible : je tremblais d'avoir à perdre une de mes plus chères illusions ! A mesure que j'avançais, je sentais mon âme s'ouvrir à des impressions meilleures; j'étais tout à fait à l'aise, quand j'arrivai au bout.

Je levai les yeux avec confiance. Le directeur s'était assis sur une chaise au fond de la chambre et tenait sa tête dans ses mains : il me sembla voir une larme couler sur sa joue.

— Eh bien! dit-il en se levant et en tendant la main pour reprendre la lettre, que dites-vous de cela?

— Il me semble, lui dis-je, après ce que vous m'avez dit hier soir, qu'il n'y a rien là qui doive vous étonner. Vous aviez deviné les sentiments de Charles; cette lettre ne fait que les confirmer.

— Vous avez raison, mais elle déjoue tous mes plans. Diantre, je ne le croyais pas si pressé! Ne sentez-vous pas, monsieur, dans quelle cruelle obligation cette lettre me place?

— Je ne le vois pas très-bien; mais je sais

qu'à votre place... je serais un peu embarrassé.

— Je ne le suis pas le moins du monde, Dieu merci. Mais c'est précisément cette solution que j'entrevois comme seule possible; qui me trouble et me désespère.

— En vérité... Vous me faites peur.

— Oh! rassurez-vous, il n'y aura dans tout ceci d'autre victime que moi, mais, à mon âge, c'est dur, c'est bien dur.

— De grâce! expliquez-vous, je ne vous comprends pas.

— Comment! vous ne comprenez pas qu'après cette ouverture de Charles, je n'ai d'autre parti à prendre que d'éloigner ma fille de moi! Or c'est mon bien, Monsieur, mon seul bien.

Ce fut un éclair: je compris et, comme je n'avais rien à objecter, je baissai la tête et gardai le silence.

Le directeur fit deux ou trois tours dans la chambre. Il continua comme se parlant à lui-même :

— Du reste, c'est bien aussi l'avis d'Amélie. Quel ange, mon Dieu, quel trésor ! Certainement elle l'aime, je n'en puis douter, et cette lettre a fait vibrer quelque chose là, dans son cœur... Mais comme elle m'a couvert de ses baisers et de ses caresses ! « Cher petit père, m'a-t-elle dit, en passant ses bras autour de mon cou et en arrosant mes joues de ses larmes, il est bien dur le sacrifice qu'il nous impose à tous deux, mais pardonne-lui, il ne se doutait pas du mal qu'il nous ferait. »

— Pardonnez-moi aussi, cher Monsieur, dis-je en prenant la main du directeur, et en la serrant avec effusion, pardonnez-moi de n'avoir pas compris tout d'abord le sujet de votre douleur. Mais je me mets à votre place maintenant, et je plains autant votre sort, que j'admire votre résolution. Ah ! jeunesse, maudite jeunesse !...

Il se dégagea doucement.

— Ne croyez pas, me dit-il avec un triste sourire, mais avec une expression de douceur qui éclaira comme d'un rayon d'en haut son visage, ne croyez pas que j'aie contre Charles la moindre amertume. Je comprends son mouvement, j'excuse sa lettre, je l'aime aujourd'hui comme je l'aimais hier, et peut-être plus encore. Dieu me garde surtout de vouloir combattre ses sentiments et de lui disputer le cœur d'Amélie ! Mais, Monsieur, je suis père, je n'ai qu'elle au monde : quand je rentre fatigué et préoccupé, un baiser, un mot, un sourire d'elle me dilate le cœur et me rend la sérénité. Elle est si sérieuse, Monsieur, et si rieuse en même temps ! Il n'y a pas de nuage sur mon front, que sa présence ne dissipe, c'est pour moi plus qu'une fille, voyez-vous ! C'est un confident, un conseil, un ami. Je lui dis tout, il me semble, en lui parlant, que je me parle à moi-même, à la meilleure partie de moi-même. Ce que je ne dis pas, elle le devine, elle possède au plus haut point ce tact divin de la femme, bien plus sûr mille fois que notre froide logique, qui achève, corrige, éclaire et bien souvent aperçoit d'emblée ce que nos lourds raisonnements ne trouvent qu'à peine... Puis surtout, elle me me rappelait sa mère, elle résumait pour moi tout un passé de bonheur... Bref, elle de moins dans cette maison, c'est l'isolement, Monsieur, c'est la nuit.

Je sentis qu'il ne fallait pas enfoncer le trait par des paroles indiscrètes. Je me rabattis sur le côté extérieur et, en quelque sorte, matériel de l'événement.

— Pardon, cher Monsieur, lui dis-je, mais il y a dans tout ceci quelque chose qui m'échappe entièrement. Je vous ai quitté hier soir à dix heures passées, il est six heures et demie du matin. Comment, dans un si court intervalle, cette lettre a-t-elle pu être écrite, parvenir aux mains de mademoiselle Amélie, enfin des siennes passer dans les vôtres ?

— Le voici. Evidemment cette lettre a dû être écrite par Charles, à peine rentré dans sa chambre ; il était plein de son sujet, il ne lui a pas fallu plus d'un quart d'heure pour la faire ;

vous voyez du reste comme elle est écrite... Sa chambre est juste au-dessous de celle d'Amélie : il a grimpé probablement le long du mur, en jetant un de ces grappins dont ils se servent pour escalader la tour du gymnase, ou enfin je ne sais comment; il a glissé la lettre dans une fente de la persienne, en ayant soin de faire assez de bruit pour attirer l'attention d'Amélie, puis il est redescendu immédiatement, par la même voie.

— C'est cela, m'écriai-je, cela m'explique ce bruit étrange que j'ai entendu hier soir presqu'aussitôt après votre départ; il m'a semblé que l'on ébranlait ma fenêtre.

— La chambre de ma fille étant à côté de la vôtre, cela n'a rien d'étonnant. Naturellement, Amélie est allée voir à sa fenêtre, elle a aperçu le billet, l'a lu et, comme elle sait que je travaille toujours une heure ou deux dans ma chambre avant de me coucher, elle me l'a immédiatement apporté. Je vous avais quitté à dix heures, vers dix heures et demie c'était fait...

Mais, ajouta-t-il, je vous ennuie là de choses qui n'ont pour vous qu'un intérêt médiocre... J'en suis si plein, que j'avais besoin de m'en dégonfler auprès de quelqu'un. Je ne puis ni ne dois le faire auprès de mes professeurs; votre intérêt si... paternel pour Charles m'a encouragé à me confier à vous. Mais il va sans dire au moins...

— Comptez sur moi, cher Monsieur. Votre confiance m'honore plus que je ne puis dire, je ne la trahirai pas. Ce qui vient de se passer entre nous fait que je vous regarde comme un frère. Voulez-vous, ajoutai-je avec explosion, que je parle à Charles?

— Non, ne brusquons rien. Charles prépare aujourd'hui sa conférence pour ce soir; ne le troublons pas. Aussi bien... c'est mon affaire, je m'en charge; seulement je vous promets de vous mettre dans la confidence jusqu'au bout. Vous saurez tout et vous jugerez de tout... En attendant, dit-il en changeant de ton, il est temps que je vous laisse achever de vous habiller. A tout à l'heure, cher Monsieur, nous nous retrouverons en bas.

En prononçant ces mots, il ouvrit la porte et se retira.

Je m'aperçus alors, — car je l'avais oublié, — que j'étais encore dans un costume très-simple. Tout en achevant ma toilette, je ne pus m'empêcher de faire quelques réflexions.

— Diable! me dis-je à part moi, c'est une bien jolie chose que le régime de liberté, mais ce n'est pas, paraît-il, sans inconvénients. Voilà Charles, hier, qui manque de se casser le cou au gymnase; le voilà, cette nuit, qui tente une petite escalade, hem!... Enfin, voilà ce pauvre directeur mis, par ce malencontreux billet, dans l'obligation de se séparer de sa fille : c'est cruel, cela, c'est cruel! Et ne serait-ce pas peut-être la faute du système? Allons, je m'en aperçois une fois de plus, il ne faut jamais trop se presser de juger les choses. « Tu connaîtras l'arbre à son fruit, » dit l'Evangile : l'Evangile a bien raison.

— C'est égal, continuai-je en moi-même, tandis que j'ajustais ma cravate et que j'enfilais ma redingote, il faut convenir que cette lettre de Charles est joliment tournée ; je n'en aurais pas fait autant à son âge. Ce n'est pas de la fade sentimentalité, cela! c'est mûr, c'est viril en même temps qu'honnête. Combien ai-je connu de jeunes gens de mon temps qui aient su aimer comme cela? Il n'y a pas à dire, c'est la vraie manière... Sans doute, il y a bien dans l'acte lui-même une certaine irréflexion, et les conséquences sont dures pour ce pauvre père ; mais il était peut-être permis à un jeune homme de ne pas les voir, et moi-même... Quant à la chute d'hier, il est vrai qu'on n'en faisait guère de mon temps, par la raison bien simple que nous étions élevés dans des boîtes de coton et que nous ne fréquentions guère les gymnases ; mais nous avions tant d'autres infirmités, et physiques et morales, que je ne sais trop si vraiment... Attendons encore pour nous prononcer!

Je m'aperçus alors que j'avais fini de m'habiller. J'ouvris la porte et je descendis.

CHAPITRE VI.

UNE CHAMBRE D'ÉLÈVE.

En passant dans le long couloir du premier étage, j'eus la curiosité de jeter un regard par le guichet dont j'ai parlé, dans quelques chambres d'élèves. Toutes étaient vides, à l'exception d'une seule, dans laquelle je vis un jeune homme assis, les pieds en l'air, à l'américaine, devant la fenêtre. Il tenait un livre ou un manuscrit dans la main gauche et gesticulait de la droite, tout en lisant ou en récitant à demi-voix.

Bien que je ne le visse que par derrière, j'eus bien vite reconnu Charles et, poussé par un mouvement instinctif, je frappai à la porte.

Un formidable « entrez ! » ne se fit pas attendre.

J'entrai. Croyant que c'était un camarade, Charles ne se dérangea pas. Il continua sa pantomime, en abaissant seulement le ton, de manière à rendre ses paroles entièrement indistinctes.

J'eus le temps de jeter sur la chambre un rapide coup d'œil. Elle était de la même dimension que toutes les autres, — environ 3 mètres de long sur 2 1/2 de large. — L'ameublement général me parut plus complet peut-être et surtout plus pittoresquement arrangé.

Le lit était relevé et plaqué dans la muraille. Une table de nuit, une table de toilette, un petit bureau et un guéridon, ce dernier recouvert d'un tapis et chargé de livres, composaient, avec trois chaises, un ameublement luxueux pour une chambre d'écolier. Tout cela, en noyer bien poli, avec des pieds bien tournés, s'assortissait à merveille et portait le cachet d'une main d'artiste. Des rayons d'une façon très-simple mais très-achevée garnissaient jusqu'au plafond le mur près de la porte et formaient une bibliothèque respectable et fort bien pourvue. D'autres rayons, placés à une assez grande hauteur tout le long des murs, supportaient des dictionnaires, des cahiers, des instruments divers. Sur une console en bois travaillé, formant pour ainsi dire le centre et le sommet de tout le système, une sphère étalait sa vaste rotondité. Enfin, — ce qui me frappa le plus, — au-dessous de tout cela, une planche noire d'un mètre de haut courait sans interruption autour de la chambre.

Des figures géométriques, des dates d'histoire, des équations d'algèbre, bien d'autres choses encore y étaient tracées à la craie. J'avais remarqué du reste cette dernière disposition dans toutes les chambres.

Au bout de quelques secondes, Charles prit la parole :

— Mon cher, tu peux te vanter d'être fameusement... Ah ! pardon, ajouta-t-il en se retournant, je croyais que c'était mon ami Raymond... Vous m'avez trouvé là dans une posture un peu... Je voulais seulement terminer mon paragraphe : c'est pour cela... Mais donnez-vous donc la peine de vous asseoir.

— Non, mon ami : je vois que je vous dérange, je reviendrai plus tard. Je passais devant votre chambre ; j'y ai jeté, je l'avoue, un regard indiscret et je me suis permis de frapper à la porte pour apprendre de vos nouvelles.

— Excellentes, monsieur, excellentes : un peu de courbature dans les reins et de lourdeur dans la tête, cela vient peut-être de ce que je n'ai pas très-bien dormi... Mais, je vous en prie, prenez donc la peine...

J'avais grande envie de rester. Au risque d'être indiscret, je m'assis.

Le lecteur doit comprendre que mon premier désir était de rechercher la cause de l'homonymie et de la ressemblance dont j'ai parlé. J'abordai franchement ce terrain, et je fus tout heureux de voir Charles m'y suivre avec complaisance. Il m'étala sa généalogie, me parla tout au long de sa famille, et ce ne fut pas sans une émotion singulière que je lus dans le livre des destins l'histoire de ce qui pouvait m'être le plus cher au monde durant près d'un siècle. J'étais suspendu aux lèvres de Charles, je ne respirais pas ; je n'en pouvais douter, c'était mon arrière-petit-fils que j'avais-là devant mes yeux !! Dix fois je fus sur le point de le prendre dans mes bras, de le serrer sur mon cœur, de lui donner les plus doux noms. Je fus retenu par la crainte de passer pour fou et de tout gâter. Heureusement il me fournit lui-même le moyen de sortir de cette impasse.

Comme il me parlait d'un cousin-germain de son père, élevé avec ce dernier, parti jeune pour l'Amérique et qu'on n'avait pas revu : « C'est moi ! » m'écriai-je en me levant précipitamment, et je l'attirai vers moi, et nous nous tînmes longtemps embrassés.

Cher souvenir !... Doux rêve, — si c'en était un ! — Je te conserve-là dans mon cœur et je te grave sur cette page, comme ma meilleure espérance. Puissiez-vous faire, ô mes fils bien aimés, que ce rêve devienne un jour la réalité !...

Nous nous étions assis de nouveau, et je me mis à interroger Charles sur ses études, sur le collége : avec quelle chaleur il m'en parla !... Je lui témoignai d'abord mon admiration sur l'ameublement de sa chambre.

Il se leva, en fit le tour les mains dans ses poches, en se donnant l'air de satisfaction comique d'un gros bourgeois enrichi.

— Mon cher... oncle d'Amérique, fit-il ensuite en se campant sur la hanche, vous me voyez dans mes meubles. A votre service du reste : voici l'adresse du fabricant !

Il tendit le bras droit en avant en fermant le poing et faisant saillir le biceps.

— Comment ! mon ami, c'est toi...

— Oui, c'est moi qui suis l'auteur. J'avais commencé par le sapin, je ne désespère pas de finir par le palissandre. Sauf le lit, il n'entre dans la chambre d'un élève que des meubles faits de sa main, et quelquefois, mais rarement, de la main d'un camarade. Les anciens passent leurs vieux meubles aux nouveaux, qui les gardent jusqu'à ce qu'ils puissent mieux faire. Quand on part, on emporte ce qu'on veut, on laisse le reste.

— Mais cela suppose un long apprentissage et un travail considérable.

— Oui, assez. Au tour, à la forge ou à l'atelier, nous ne travaillons jamais moins de deux heures par jour, et quelquefois davantage. J'entre dans la quatrième année des moyens ; vous voyez...

— Je vois, mon cher ami, que vous passez énormément de temps à des travaux en somme accessoires, et je crains bien que les études...

— N'en souffrent. Oh ! que nenni, bien au contraire. Si vous saviez avec quel plaisir on remet le nez dans ses livres, quand on a fait marcher pendant une heure ou deux la scie et le rabot ! Il n'y a pas de migraine et de fatigue d'esprit que cela n'emporte. Ça et la gymnastique, ce sont les deux béquilles ou, pour mieux dire, les deux verres de lunettes de l'intelligence. Ceux qui n'ont pas passé par là ne seront jamais que des moitiés d'homme, au moral comme au physique. Sans compter qu'au point de vue social...

— Que veux-tu dire ?

— Ce qui divisait le plus les hommes, c'était cette espèce d'antinomie, qu'on établissait jadis entre « bourgeois et ouvriers, » les uns voués exclusivement au travail de l'esprit, pendant que les autres l'étaient au travail des bras. Le bourgeois méprisait l'ouvrier qu'il regardait comme un esclave, l'ouvrier jalousait le bourgeois qu'il regardait comme un fainéant. Depuis qu'on s'occupe un peu plus d'instruire les uns et de développer les muscles des autres, ces antipathies disparaissent. L'ouvrier, plus instruit, s'aperçoit que le travail de l'esprit est aussi difficile et peut-être plus, que le travail des bras. Il regarde l'architecte comme un travailleur tout aussi bien que le maçon, et il met *mósieur* l'ingénieur sur la même ligne, au moins, que le casseur de pierres de la grand'-route. Le bourgeois, de son côté, ne méprise plus un travail qui entretient la vigueur de son corps et lui procure chaque jour de très-nobles jouissances. Quand il aborde un ouvrier, il sait parler sa langue et se mettre à sa portée; il peut lui dire : « Je suis des vôtres, » et le lui montrer. Bref, il n'y a plus qu'une nuance entre l'un et l'autre : l'un travaille de son cerveau pour vivre et de ses bras pour se distraire; l'autre fait exactement l'inverse, et tous deux se rencontrent et se comprennent au milieu.

— Voilà une philosophie sociale qui ne me semble pas trop mauvaise, et qui a l'avantage au moins d'être pratique. Cela, joint au service militaire obligatoire et sensiblement le même pour tous...

— C'est ce qui existe.

— Finira peut-être par déraciner de la bourgeoisie cette couardise chronique, qui la rendait si méprisable et la poussait à chercher en dehors d'elle-même, dans les moyens les plus vains et les plus bas, la préservation de ses intérêts... Mais, mon ami, permets-moi de poursuivre mes investigations et mes demandes, car tout ce que je vois ici m'intéresse au plus haut point. Et d'abord cette bibliothèque, ces instruments, cette sphère...

— Sont des prix... en général. Ils ne coûtent guère au collége : ce sont les bons bourgeois de la ville et des environs, qui les mettent à la disposition du directeur. Celui-ci, avec l'avis des professeurs, les distribue comme et quand bon lui semble. Il y a des élèves moins forts que moi, qui en ont un plus grand nombre, et c'est justice, car ils travaillent davantage.

— Vraiment!... Mais sais-tu ce qui m'enchante plus que tout cela, dis-je en me levant?

— Parbleu! ce ne peut être que mon lit ou ma planche noire, car il ne reste plus que cela. Et de fait...

— Oui, le lit est ingénieux, mais la planche

noire est tout simplement sublime, et je suis sûr...

— Non, vous ne pouvez pas vous figurer les services qu'elle nous rend. C'est-à-dire que, si je n'avais plus ma planche, je serais comme un astronome auquel on aurait pris sa lunette, je ne pourrais plus rien faire. Notre directeur l'appelle « le sixième sens de l'élève, » et il a raison. La planche noire n'est pas un objet, un instrument, c'est un être vivant, un camarade, un confident, un maître. Grâce à elle, on s'objective à tout instant, on travaille tout haut et debout, on ne s'endort pas ; on résume sa pensée sous une forme, puis sous une autre, on revient dix fois en quelques minutes sur le même objet, on le grave à des profondeurs telles qu'il n'en sort plus. Ce que j'ai écrit le matin, quand je rentre à midi, je le revois d'un coup d'œil et je la repasse ; je le retrouve le lendemain, si je veux, et le jour suivant encore ; je l'efface alors de mon tableau, mais non de ma mémoire. Les idées les plus abstraites ont pris corps et vie, et ces idées devenues images s'agencent ensuite dans le cerveau et y forment mille tableaux plus ou moins... intéressants, plus ou moins nouveaux, suivant le talent du compositeur.

Pendant qu'il parlait, je fis le tour de la galerie. Ici je vis une série de verbes allemands irréguliers, là une collection de tournures latines, ailleurs les principales règles de l'accentuation grecque, plus loin ce qui avait attiré mes regards au commencement.

— C'est au mois d'août que vous avez vos vacances ? demandai-je à Charles machinalement.

— On voit bien que vous revenez de l'autre monde, me répondit-il en riant. Il y a longtemps que *nous* avons changé cela ! Il est venu à la pensée d'un homme d'esprit, qu'il était absurde d'exiger le plus grand effort des élèves dans le mois de l'année le moins propice au travail, et de les laisser flâner, au contraire, dans le mois le plus favorable. On l'a traité de révolutionnaire, cela va sans dire, mais on a fini par l'écouter et tout le monde s'en trouve bien. Maintenant, partout, on sort le premier juillet et l'on rentre le premier septembre.

— O puissance du préjugé ! m'écriai-je, cela est souverainement raisonnable, et j'ai toutes les peines du monde pourtant à ne pas le trouver absurde... Mais, dis-moi, mon ami, comment vos classes sont-elles divisées ?

— D'une manière bien simple. D'abord, les trois grandes divisions que vous connaissez déjà — petits, moyens et grands. — correspondant aux trois degrés de l'enseignement, primaire, secondaire et supérieur. Ensuite...

— Donne-moi quelques renseignements plus précis sur cette division générale..

— Voici, pour autant que j'en puis juger et d'après ce que j'ai entendu dire, le principe qui y a présidé. On a fait en sorte que chacune de ces divisions formât un tout complet et se suffît en quelque sorte à elle-même. Ainsi les élèves, qui n'ont suivi que les leçons élémentaires, ignorent sans doute bien des choses très-importantes; mais ce qu'ils savent, ils le savent bien, et ce *minimum*, à la rigueur, peut suffire pour leur permettre d'aborder convenablement un bon nombre de professions.

— Mais comment apprendre en si peu de temps le latin et le grec?

— C'est qu'on ne les apprend pas du tout dans les classes élémentaires. On a jugé que ces études, de leur nature arides et abstraites, sont au-dessus et en dehors de la portée des enfants, qu'ils consumaient un temps précieux à mal apprendre des choses qu'ils enlèveraient plus tard en quelques semaines, qu'il valait mieux tourner leurs efforts vers des connaissances plus concrètes et plus...

— Ajoute à cela, mon ami, que, lorsque par suite d'une circonstance quelconque, un élève était obligé de quitter le collége après sa cinquième, sa quatrième, même sa troisième, n'ayant pas eu le temps d'apprendre les langues anciennes, il n'avait rien appris d'autre et était à peine capable de faire un troisième clerc de notaire.

— C'est bien certain. Il n'en est plus ainsi aujourd'hui. Tout élève qui sort du groupe élémentaire, pour peu qu'il ait travaillé, écrit correctement sa langue : c'est la base de l'enseignement. Non-seulement il met l'orthographe, mais il est capable d'exprimer ses idées, telles quelles, dans un style convenable et quelquefois élégant. Si vous allez au quartier des petits, faites-vous donner les compositions des plus avancés : vous en trouverez de charmantes. On les exerce énormément à parler et à écrire sur toutes sortes de sujets connus. Après la langue maternelle, une langue vivante, — l'allemand en général, — enseignée le plus possible par la méthode intuitive. Beaucoup de mots, de tournures familières, d'exercices de toute espèce, — de grammaire le moins possible ! L'élève qui sort d'élémentaire comprend assez bien et se fait comprendre ; il fera un thème, une version, même une composition facile avec plus ou moins de fautes, il saura les règles les plus générales, mais pour les finesses, pour la philosophie de la langue, il n'en sait pas le premier mot. Il possède un instrument utile, mais il le manie encore d'une façon un peu grossière.

— N'importe ! c'est une fameuse ressource dans la vie. Puis il appartient à chacun de se perfectionner dans la suite.

— Après... ou avant l'étude des langues, comme il vous plaira, vient l'écriture enseignée simultanément avec la perspective et le dessin linéaire. Le Directeur, qui a, comme vous savez, la haute main sur les trois quartiers, avec un sous-directeur seulement dans le quartier des petits, attache une grande importance à ce triple enseignement. Outre l'utilité pratique, qui me paraît incontestable, il dit que cela développe le goût, l'esprit d'ordre et le coup-d'œil. Il prétend que c'est une préparation excellente à l'étude des mathématiques, et il veut qu'on y consacre au moins trois ou quatre heures par semaine.

— Chez les petits seulement?

— Cela s'entend. Après l'écriture, la lecture et la récitation à haute voix, sur une estrade, devant un grand nombre d'élèves. Ces exercices se poursuivent du reste, avec plus d'extension encore, dans le quartier des moyens, et même dans celui des grands. De leçons apprises par cœur, à proprement parler, nous n'en avons pas : elles sont remplacées par les exercices dont je vous parle, deux fois par semaine. Nous avons entre les mains des chrestomathies excellentes des diverses langues que nous apprenons; nous choisissons là-dedans, d'une manière tout à fait libre, tantôt dans les vers, tantôt dans la prose, et nous récitons : le professeur nous critique ensuite, c'est une occasion pour lui de faire une étude littéraire du morceau récité et d'établir une comparaison instructive entre les morceaux d'une part, entre les récitateurs de l'autre. Les leçons, généralement suivies avec un grand intérêt, contribuent pour une bonne part à développer chez nous le goût littéraire. Puis le Directeur y attache, comme à tout ce qui peut cultiver le don de la parole, une très-grande importance sociale. Il dit que c'est le seul moyen de délivrer la France de la tyrannie des avocats, la plus insupportable et la plus dangereuse de toutes.

— Mon cher ami, m'écriai-je, tu me vois aussi attentif à tes paroles que le sultan aux contes des *Mille et une Nuits*. C'est plus intéressant seulement, oh! beaucoup plus intéressant: Va toujours.

— Après ce que je vous ai dit, vient l'arithmétique, et surtout le calcul pratique. Il faut que les gamins de là-bas soient furieusement ânes pour n'être pas de première force sur le système métrique et sur la règle d'intérêt! On leur donne aussi quelques notions très-élémentaires d'algèbre et de géométrie. On leur indique ces sciences plutôt qu'on ne les leur enseigne.

— Et l'histoire, la géographie?

— Pour l'histoire, on leur donne quelques traits sommaires, quelques récits de l'histoire ancienne, et on leur fait apprendre l'histoire de France assez en détail. La dernière année est consacrée à l'histoire moderne, qu'ils ne savent pas mal, je vous jure. — Quant à la géographie, ils l'apprennent d'une manière complète et très-bien. On peut dire qu'ils sortent du groupe avec des notions très-suffisantes sur la géographie générale, et très-détaillées, très-exactes, sur la géographie de la France : beaucoup de cartes à faire, beaucoup de voyages à retracer par écrit ou de vive voix, beaucoup d'exercices oraux sur des cartes muettes, toujours la géographie physique servant de base à la géographie politique, tout cela mêlé à l'histoire des navigateurs célèbres, des grandes découvertes ; et puis le tableau, mon oncle, le fameux tableau noir, le grand docteur, la panacée universelle de l'ignorance! Voilà quelques traits de la méthode employée. Ce qui semble prouver qu'elle est bonne, c'est qu'en général elle intéresse, elle attache et elle réussit.

— Mais il me semble qu'en voilà assez, qu'en voilà beaucoup pour une instruction élémentaire, et je sais bien que de mon temps...

— Eh bien! non, ce n'est pas tout. On leur donne en outre des notions de presque toutes les sciences : minéralogie, botanique, zoologie, physiologie, physique, chimie, et, ce qui vous surprendra peut-être, c'est précisément ce à quoi ils mordent le mieux.

— C'est incroyable.

— Non, ce n'est pas incroyable, c'est au contraire simple comme bonjour. La curiosité est très-éveillée chez l'enfant, mais cette curiosité ne dépasse guère les objets qu'il voit et qu'il touche. Lui faire distinguer un adjectif d'un pronom, oui, voilà qui est difficile; mais une pierre d'une autre pierre, une fleur d'une autre fleur, ou un insecte d'un autre insecte, il les distinguera aisément, pourvu que vous ne l'embarrassiez pas dans le détail et que vous vous en teniez aux signes les plus généraux. De même, croyez-vous qu'un enfant ne s'intéresse pas à un baromètre ou à une machine à vapeur? Pensez-vous qu'il ne s'amusera pas à voir fabriquer du phosphore, brûler du fer dans l'oxygène ou rougir par un acide de la teinture de tournesol? Tout cela non-seulement l'intéresse, mais le passionne et éveille chez lui le désir d'en apprendre davantage. S'il en reste là, c'est toujours un petit bagage de notions utiles, et, s'il va plus loin, c'est une fameuse base pour ses études ultérieures : l'esprit scientifique est formé, et ça va tout seul.

— Combien de temps dure cet enseignement élémentaire?

— Juste quatre années. L'enfant y arrive entre huit et dix ans, et en sort de douze à quatorze. Il subit à l'entrée un petit examen portant sur la lecture, l'écriture, l'orthographe et les quatre opérations de l'arithmétique, qu'il doit savoir tant bien que mal. Puis, de trimestre en trimestre, d'année en année, ce système d'examens se poursuit jusqu'au baccalauréat, et d'abord jusqu'à l'examen de passage qui clôt les quatre années élémentaires, et confère un premier diplôme indispensable pour aller plus loin. Ces quatre années correspondent à ce qu'on appelait autrefois : « huitième, septième, sixième et cinquième. » On les appelle aujourd'hui, en suivant un ordre inverse, et bien plus naturel : « première, seconde, troisième et quatrième élémentaires. »

— Et après, mon bon ami, après !

— Après ! dame, c'est bien facile à comprendre : on passe dans l'enseignement secondaire. Seulement on peut l'aborder par deux côtés différents : il y a l'enseignement classique et l'enseignement professionnel ou commercial. C'est une règle absolue, — toujours d'après les idées nouvelles, — que ces deux sortes d'enseignements doivent être totalement séparés, qu'ils exigent des personnels tout différents, qu'il y a toutes sortes d'inconvénients et point d'avantages à les réunir ensemble dans les mêmes locaux. Vous êtes ici dans un collége exclusivement classique, et, par conséquent, je ne puis guère vous parler de l'enseignement professionnel que comme un aveugle des couleurs. Je puis vous dire cependant que l'enseignement des langues vivantes, de l'anglais et de l'allemand surtout, y est poussé à fond, après le français, cela va sans dire. La comptabilité, la tenue des livres, la géographie commerciale y sont solidement apprises, ainsi que le dessin, la géométrie, l'algèbre et les sciences appliquées. Je sais aussi que le chiffre des heures réglementaires que les élèves passent aux ateliers est élevé de deux à trois. Cet enseignement dure trois ans, au lieu de quatre destinés à l'enseignement classique. Au sortir de là, ceux qui ne sont pas encore satisfaits entrent dans les écoles supérieures de commerce ou d'industrie : il y en a un grand nombre, chaque ville un peu importante tient à honneur d'avoir la sienne ou les siennes. Quant aux écoles supérieures du Gouvernement, — Ecole polytechnique, Ecole militaire, Ecole des mines, — on les aborde indifféremment par l'enseignement classique ou par l'enseignement professionnel, moyennant un an ou deux de préparation supplémentaire. On trouve cette différence d'origine utile, en ce qu'elle diversifie les aptitudes et augmente l'émulation. Voilà tout ce que je puis vous dire.

— Mais tu ne m'as pas encore dit un mot de toi, de tes études, de l'enseignement classique enfin.

— Oh ! pour ça, ce serait un peu long, car je suis sur mon terrain et j'aurais tant à dire, que je ne sais par où commencer. Posez-moi plutôt quelques questions, j'y répondrai de mon mieux.

— Quand commence-t-on le latin?

— Dès son entrée au quartier des moyens.

— Et le grec?

— Juste un an après.

— Tu m'as dit, si je ne me trompe, que vous

passez ici quatre années. Cela fait donc quatre ans de latin et trois de grec?

— Dites plutôt quatre et cinq, car on en fait encore dans la première année du cours supérieur, qui correspond plus ou moins à ce qu'on appelait jadis « la Philosophie. »

— Et l'on trouve que c'est assez pour apprendre ces deux langues?

— Plaisantez-vous, mon cher oncle? Mais il faut être un âne bâté pour ne pas lire après ce temps César, Salluste et Virgile comme du français, et Tite-Live, Tacite, Horace avec une facilité relative. Quant au grec, Hérodote, Xénophon, Plutarque ne nous embarrassent guère, et à l'examen final nous devons traduire à livre ouvert Homère et Démosthène. Nous avons aussi du Sophocle, du Thucydide et du Platon, mais des portions restreintes et que nous pouvons préparer spécialement.

— En vérité, mon cher, je n'en reviens pas. Comment cela est-il possible?

— Possible!... Je suppose que les petits

grecs et les petits latins parlaient à peu près leur langue à deux ans et demi, comme les français ou les turcs, et vous ne voulez pas que nous apprenions en quatre ou cinq ans ce que ces moutards-là apprenaient en quelques mois !

— Les circonstances sont bien différentes ; ils entendaient parler ces langues toute la journée.

— Soit. On peut suppléer pourtant en quelque mesure par une bonne méthode à cette cause d'infériorité.

— Cela me semble bien difficile.

— Voici à peu près comment nous marchons. On commence par nous faire apprendre à fond déclinaisons et conjugaisons : c'est affaire de trois semaines pour un garçon intelligent, je vous en accorde six pour les imbéciles. Pendant, comme après cela, on nous farcit la tête d'une masse de mots, avec lesquels on nous fait jouer, comme avec des balles élastiques, oralement et par écrit. Ah ! c'est ici, Monsieur,... pardon, mon oncle, que le tableau noir est utile ! Après trois mois de cette gymnastique, après que nous avons appris par cœur et fait fonctionner tant bien que mal prépositions, conjonctions, adverbes et toutes sortes de mots, on nous fait piquer une tête en pleine latinité, il faut se familiariser tout de suite avec le génie de la langue. Point de dictionnaires du reste ! Dans les recueils gradués qui sont entre nos mains, les mots inconnus et les tournures difficiles sont tous au bas de la page. Nous préparons facilement ainsi deux ou trois pages d'un seul coup.

— Oui, mais que vous en reste-il ?

— Tout absolument. Car la partie essentielle de la tâche consiste précisément à noter et à apprendre les mots ou les tournures que l'on ne sait pas, puis à composer de son propre chef des phrases dans lesquelles on les fait entrer. Le professeur complète cela pendant la leçon par des exercices nouveaux.

— Et vous suivez cette règle ?

— Toujours, Quand nous sommes plus forts,

on nous met entre les mains des dictionnaires et des... traductions.

— Des traductions ! Mais c'est absurde, mon pauvre ami, c'est absurde.

— Pas tant que vous croyez, mon cher oncle. Au lieu de faire péniblement une version dictée d'une demi-page, nous en traduisons huit ou dix dans un livre qui nous intéresse, et nous nous instruisons ainsi doublement, en voyant beaucoup de mots et de tours nouveaux que nous notons chemin faisant, et en parcourant de vastes champs de la littérature ancienne. Tout cela est éclairé par un cours d'antiquités fort intéressant sur la religion, les mœurs, la famille, l'art militaire, le théâtre, la vie politique des Latins et des Grecs, avec l'explication des mots techniques se rapportant à toutes ces choses, et par un cours de littérature ancienne également très-complet. Jamais nous n'abordons un auteur, sans que le professeur nous donne une courte introduction sur sa vie et l'analyse sommaire de ses ouvrages. Après cela nous marchons. Ce que nous ne voyons pas dans l'original, nous le lisons dans la traduction, et nous n'abandonnons jamais un auteur sans le connaître à peu près à fond. Ajoutez à cela les travaux personnels, non pas les mêmes pour tous, que nous avons à faire sur un livre, sur un auteur ou sur la comparaison de plusieurs livres, de plusieurs auteurs. Au commencement de l'année, on affiche une liste de ces travaux et chacun choisit. J'ai pris cette année une « étude comparée sur les principaux historiens latins, » et une « étude critique des œuvres morales de Plutarque. » Je travaille à cela dans mes moments perdus.

— Et vous ne faites jamais de versions dictées?

— Jamais.

— Et vous vous servez toujours de traductions ?

— Non. Deux fois par semaine, en classe, avec le professeur, nous traduisons à livre ouvert, soit dans nos chrestomathies, soit dans des portions d'auteurs inconnus. Comme on a soin de ne pas choisir des auteurs très-difficiles, cet exercice est fort amusant. Un élève explique, un autre écrit le français au tableau, et toute la classe collabore.

— Vous fait-on faire des thèmes?

— Oui, comment apprendre une langue sans cela?

— Et des vers latins, des compositions latines?

— Oui et non, suivant le cas. Ceux qui sont forts en font, et quelques-uns très-bien. Le plus grand nombre en fait peu ou n'en fait point. J'ai présenté un jour à mon professeur une douzaine de vers latins, que j'avais mis une heure et demie à faire : il les a trouvés détestables et m'a formellement interdit de recommencer. Par contre, je fais des compositions fort longues assez rapidement et à peu près sans faute. Le professeur m'y encourage et me les corrige, et, quand elles en valent la peine, il les lit à mes camarades.

— Tu portes devant moi la lumière. Je t'en

supplie, mon ami, ne me quitte pas ! Vous consacrez à l'étude des langues?...

— En y comprenant le français et l'allemand, environ les deux tiers de notre temps, soit six heures par jour sur neuf heures de travail effectif. De ces six heures, quatre au moins sont prises par le latin et par le grec, avec les études complémentaires qui s'y rapportent.

— Et les trois autres ?

— Par l'histoire et par les sciences : une environ par la première et deux par les autres.

— Combien d'heures de classe avez-vous par jour?

— Quatre, non compris les deux leçons de récitation, dont l'une, celle du jeudi, dure deux heures, tandis que l'autre, celle du lundi, n'en dure qu'une.

— Combien de temps durent vos leçons?

— Une heure, une heure et demie au plus, jamais deux, sauf la leçon de récitation du jeudi.

— Je commence à y voir clair. Il me semble que tout à l'heure en passant tu as dit un mot du baccalauréat. Duquel parlais-tu?

— Il n'y en a qu'un. Seulement il se compose de deux examens successifs, l'un qu'on subit à la fin de l'enseignement secondaire, l'autre qui suit la première année de l'enseignement supérieur. L'un et l'autre comprennent à doses à peu près égales les sciences et les lettres, car on ne veut plus entendre parler de bifurcation, d'aucune manière et sous aucun nom. Le premier comprend l'explication à livre ouvert de la plus grande partie des auteurs grecs et latins, les trois ou quatre plus difficiles de chaque langue étant réservés pour l'année suivante; un discours français, une version et une composition anglaise ou allemande, l'histoire de la littérature grecque, latine et française, l'histoire ancienne et du moyen âge avec la géographie qui y correspond; l'arithmétique raisonnée, la géométrie, l'algèbre, la cosmographie; enfin les éléments de la physique, de la chimie inorganique et de l'histoire naturelle. Cela donne droit à un diplôme, qui suffit à certaines professions. — Le second comprend, outre le complément que j'ai indiqué pour la partie littéraire, l'histoire moderne et la géographie correspondante, la philosophie, toutes les mathématiques élémentaires et la mécanique, enfin des notions plus étendues des autres sciences. Cela constitue le diplôme du degré supérieur ou le baccalauréat complet.

— Et ces examens sont bons ?

— En général, à ce qu'on dit. Et cela grâce aux examens incessants qui se poursuivent depuis les plus basses classes, et surtout grâce aux examens de fin d'année, sans lesquels il n'y a pas moyen de passer d'une classe dans la classe supérieure.

— Eh bien ! mon cher enfant, je regrette de n'être pas plus jeune de... de quelques années, car je suis un fameux âne en comparaison de vos bacheliers... Mais je te ferais bavarder jusqu'à demain, et j'oublie...

— Il est sûr que j'ai passablement à faire pour ma conférence de ce soir, et...

— Et tu trouves que j'aurais mieux fait de rester en Amérique. Mais, sois tranquille, je ne retournerai que trop tôt dans... l'autre monde. Adieu.

Je sortis de la chambre à regret, et me trouvai seul dans le corridor.

CHAPITRE VII.

VISITE A TRAVERS LE COLLÉGE.

Je regardai ma montre : il était près de huit heures. J'avais passé cinq grands quarts d'heure dans la chambre de Charles. Je me demandais si je devais monter ou descendre, quand j'entendis des pas dans l'escalier. Quelques secondes après, le directeur était près de moi.

— Eh bien ! fit-il en m'apercevant, qu'êtes-vous devenu ? Je vous attendais toujours en bas, et...

Je lui racontai ce qui était arrivé et ma conversation avec Charles. Pendant ce temps nous montâmes ensemble et nous nous installâmes bientôt en face de la collation du matin. Il excusa sa fille de n'y pouvoir paraître; je n'en compris que trop les motifs.

Tout en déjeûnant, nous causâmes.

Je témoignai mon étonnement de l'étendue des programmes que Charles m'avait indiqués, et j'énonçai quelques doutes sur la valeur des résultats.

Le directeur m'encouragea par un sourire amical.

— Vous savez nos conventions, me dit-il. Vous êtes ici pour voir et soulever toutes les objections qui vous passeront dans l'esprit. Nous avons le caractère très-bien fait; nous sommes habitués à être menés durement par certains hommes et certains journaux, et vos doutes bienveillants sont de l'eau de rose en comparaison. Aussi bien nous ne nous prétendons pas infaillibles et il y a toujours à prendre dans les critiques de ses amis, voire même de ses adversaires. Vous trouvez donc que la quantité de matières absorbées par nos élèves est hors de proportion avec le temps dont ils disposent?

— Je l'avoue.

— Il me semble pourtant que neuf heures de travail pendant cinq jours par semaine, sans parler du jeudi qui peut bien compter pour une demi-journée, constituent au bout de l'année un chiffre d'heures assez respectable. Vous n'avez peut-être pas réfléchi à une chose. Sous la vieille méthode, le temps des élèves était absorbé par une masse de travaux, — copies, rédactions, leçons à apprendre par cœur et le reste, — qui ne déposaient en eux la science qu'à doses infinitésimales. Nous en avons ra-di-ca-le-ment, — il appuya sur chaque syllabe, — balayé le chemin de nos élèves. Ils ne font pas un seul travail qui soit purement mécanique, qui ne mette pas en jeu les facultés actives de leur esprit. Autrefois le professeur employait un temps énorme à dicter des cours, et les élèves en perdaient cinq ou six fois plus à les copier sans les apprendre. Tous nos cours, — de mathématiques, d'histoire, de littérature, de sciences, — sont autographiés et remis par portions plus ou moins considérables, au fur et à mesure des besoins, entre les mains des élèves. Plusieurs ne sont que des résumés bien faits, ayant pour but d'éclaircir et de compléter pour l'élève les ouvrages sur la matière bien plus que de les remplacer. Croyez-vous que notre professeur d'histoire, par exemple, ait la sotte prétention de faire mieux que nos grands historiens des deux derniers siècles? Son but essentiel est de guider les élèves dans le choix et dans l'intelligence des meilleurs auteurs. Au lieu de perdre leur temps et leur encre à faire de la copie, nos élèves lisent, comparent et résument. Au lieu de perdre une heure à une dictée insipide, le professeur cause avec eux de ce qu'ils ont lu et appris, revenant sur le passé, comparant les hommes de divers temps et de divers lieux, critiquant le point de vue de cet auteur, approuvant cet autre, surtout faisant parler ses élèves qu'il captive ainsi merveilleusement. De cette manière, nos élèves apprennent tout ensemble leur histoire et leurs historiens, et, ce qui est bien plus important encore, ils exercent dans ce champ particulier de leurs études des facultés d'observation, de comparaison, de raisonnement et de jugement, qui leur servent pour tout le reste.

— Ainsi vous n'avez point de travaux écrits?

— Si, mais des travaux personnels et qui ne sont pas les mêmes pour tous. Chaque élève doit remettre tous les mois environ à son professeur un mémoire sur un point particulier de la période parcourue. Prenons pour exemple le règne de Louis XIV. Le professeur indiquera au commencement de cette étude une série de travaux, parmi lesquels chaque élève choisit celui qui lui agrée le mieux, plusieurs élèves étant libres de choisir le même. L'un prend, je suppose, « Mazarin, sa politique et son influence »; un autre prendra « les guerres »; un autre « les traités »; un autre « les ministres »;

un autre « les grands capitaines »; un autre « le mouvement littéraire »; un autre « les événements religieux »; un autre, autre chose. Vous sentez bien que chaque élève, pour faire son travail, doit apprendre toute sa période à fond et d'une manière telle qu'il ne l'oubliera jamais. Les travaux qui en valent la peine sont lus publiquement, quelquefois dans nos conférences du jeudi soir, quand nous n'avons pas autre chose, et ainsi s'établit un échange d'idées, un enseignement mutuel, une activité, une vie, que vos méthodes mortes ne connaissent pas et ne créeront jamais. Qu'en pensez-vous, cher monsieur?

— Je pense que je suis né cent... Ah! pardon, trente années trop tôt, et que, si j'eusse étudié ainsi l'histoire au collége, je me serais passionné pour elle, tandis que...

— Charles vous a-t-il montré ses cahiers de langues?

— Non.

— Je le regrette. C'est une des inventions les

plus ingénieuses de notre ami Victorin. Vous connaissez Victorin?

— Oui, oui, très-bien.

— Sous son air raide et pédantesque, c'est un homme de grande valeur, et un travailleur!... C'est notre professeur de grec, un helléniste de première force. Voici son invention, parfaitement simple comme tout ce qui est très-bon, mais parfaitement pratique et utile. C'est un cahier, dont chaque page est divisée longitudinalement en cinq ou six colonnes d'inégale largeur avec ces titres : « Mots, — traduction, — analyse, — racines, étymologies, dérivés, — règles grammaticales, — idiotismes. » Ces cahiers servent également pour le latin, le grec et les langues vivantes, sauf le français. Vous en comprenez l'usage. L'élève, sa traduction faite, doit reprendre son texte, l'étudier en détail et noter, chemin faisant, tout ce qui est nouveau pour lui à tous les points de vue indiqués par le cahier. Ce travail se complète pendant la classe, et ainsi un élève n'abandonne pas un morceau sans en avoir tiré, si je puis dire, la quintessence. Après trois ou quatre ans de cette gymnastique, il faut qu'un élève soit bien... sot, — j'emploie une expression très-adoucie, — pour ne pas connaître à peu près à fond les arcanes d'une langue.

— Vous venez de dire, en parlant de M. Victorin : « Notre professeur de grec ». Vous n'en avez donc qu'un?

— Oui, et c'est bien suffisant pour trois années, car vous saurez qu'il n'est *que* professeur de grec.

— Et combien en avez-vous de latin?

— Deux, qui ne sont également *que* cela. Au commencement, ils avaient pris chacun deux classes complètes, l'un au-dessus, l'autre au-dessous. Depuis, ils ont trouvé meilleur de se partager les quatre classes et de conduire ainsi leurs élèves du commencement à la fin de leurs études secondaires. Ils ont plus d'heures de classe, c'est vrai, — de quatre à six, au lieu de trois qu'ils avaient auparavant. Par contre, au lieu d'avoir trente-cinq à quarante élèves par classe, ils n'en ont plus que la moitié, — précieux avantage! Ils ont les mêmes élèves jusqu'au bout, — autre avantage non moins grand. Enfin leur besogne est plus intéressante et plus variée, — dernier avantage non à dédaigner.

Le directeur tira sa montre.

— J'ai à écrire quelques lettres un peu pressées, me dit-il. Vous serait-il indifférent de descendre un instant sans moi? Vous trouverez toujours en bas quelqu'un pour vous faire les honneurs de la maison, et dans trois quarts-d'heure au plus...

— Ne vous dérangez pas. Je ne suis pas fâché de faire un peu mes observations tout seul.

— A propos, quand vous serez dans le vestibule en bas, vous verrez à votre gauche une porte volante avec cette indication au-dessus : « Cercle et Bibliothèque. » Si vous voulez entrer là, dans la première salle, vous trouverez des journaux.

— Comment!... des journaux? On ne les monte pas chez vous?

— Pourquoi? La-bas, tout le monde en profite, professeurs, élèves, tandis qu'ici...

— Allons, je ne dis plus rien, car j'ai l'air de descendre de la lune. Mais franchement, mon cher directeur, je nage dans le fantastique.

Le directeur ne put s'empêcher de rire. Je lui serrai la main et je descendis.

En passant, j'eus la fantaisie de jeter un coup d'œil dans la chambre de Charles. Il avait repris exactement sa pose du matin et gesticulait de plus belle.

Je me gardai bien de le déranger. Je continuai à descendre et me trouvai dans le vestibule.

J'ai dit un mot de ce vestibule. Je pus l'examiner en détail et fus charmé de ce que j'y vis. Les gravures et les photographies qui tapissaient les murs étaient classées par ordre et les principales écoles y étaient représentées. Au-dessus du groupe plus ou moins considérable qui représentait chaque école, les noms des principaux maîtres étaient peints sur le mur avec les dates de leur naissance et de leur mort dans une sorte de médaillon en relief du meilleur effet. Une échelle roulante permettait de voir de plus près les dessins placés trop haut. Quelques places demeurées vides indiquaient l'espoir que l'on avait de posséder un jour certaines œuvres absentes, jugées indispensables pour la collection. Un élève que j'interrogeai me fit remarquer au bas de chaque tableau le nom d'un donateur individuel ou collectif, et je constatai avec plaisir que la galerie entière, qui ne pouvait guère être évaluée à moins de vingt-mille francs, n'avait pas dû couter un sou au collége. Il est vrai que tous les dimanches, à certaines heures, elle devait être ouverte au public, aussi bien que les autres collections du collége; mais cette idée me parut elle-même aussi heureuse que féconde, et je ne pus m'empêcher de dire à part moi, — je vous le répète en confidence : « Il paraît que mon pauvre pays commence à se décrasser, il était bien temps ! »

La collection de statuaire, moins complète sans doute, était pourtant assez respectable et n'offrait à l'œil que des reproductions excellentes, et d'œuvres de choix. Il va sans dire qu'elle avait été formée comme la première. J'étais enchanté !

Ce fut sous cette impression que j'entrai dans la salle que le directeur m'avait indiquée. Cette salle était spacieuse ; des banquettes de cuir régnaient tout autour ; au milieu s'étendait une grande table recouverte d'un tapis vert, garnie de livres et de journaux ; quelques tableaux à l'huile, qui ne me parurent point sans valeur, étaient appendus au mur ; une vingtaine d'élèves répandus dans la salle lisaient ou se communiquaient quelques réflexions à voix basse.

La satisfaction générale que j'éprouvai fut

mêlée cependant d'une impression pénible. La veille déjà, lors de la chute de Charles, j'avais remarqué l'attitude insolente d'un petit groupe d'élèves, au milieu desquels paraissait trôner un très-grand et mince jeune homme, remarquable par son lorgnon, sa mise prétentieuse et ce sourire de dédain qui donne toujours des démangeaisons au bout des doigts des honnêtes gens.

Il était debout près de la fenêtre, entouré de ses séides, et mon entrée dans la salle, presque inaperçue des autres élèves, tant elle fut discrète, fut saluée par eux de chuchotements et de rires, qui me firent monter la colère au cœur et la rougeur au front. Je me contins et, leur ayant lancé un regard qui traduisait bien mon sentiment, je détournai brusquement la tête. Mon œil rencontra avec plaisir la bonne et loyale figure de l'ami de Charles, Raymond, qui, assis près de la table, était absorbé dans la lecture d'un journal. C'était un jeune homme de petite taille, à la chevelure noire et frisée, à l'œil étincelant, aux membres trapus, un vrai type méridional, tout exubérant de force et d'intelligence. Il me passa dans la tête qu'il serait bien amusant de le voir aux prises avec le grand jeune homme au lorgnon, et cette vilaine pensée, je l'avoue à ma honte, me réconforta entièrement.

En face de la porte par laquelle j'étais entré, s'en trouvait une autre, ouverte à deux battants, au-dessus de laquelle je lus : « Bibliothèque ». Elle paraissait contenir bon nombre d'élèves et il se faisait un assez grand mouvement de l'une à l'autre des deux pièces. Je fis le tour de la table et j'entrai.

A peu près de mêmes dimensions que la première, cette salle était garnie tout autour de rayonnages vitrés tout chargés de livres. D'un coup d'œil j'en vis l'aménagement. La bibliothèque entière se divisait en cinq sections distinguées par des écritaux placés en frontispice au-dessus de chacune d'elles : Bibliothèque générale, Bibliothèque de la 1re, de la 2e, de la 3e, de la 4e classe. Il se faisait en ce moment par les soins d'élèves choisis parmi les plus grands, plusieurs distributions auxquelles le plus grand ordre présidait. A chaque instant des élèves sortaient de la salle, emportant sous leur bras un, deux, jusqu'à trois volumes. Je commençais à demander quelques explications à un élève et je me préparais à faire le tour de la salle, quand je fus rappelé dans la première par quelques éclats d'une voix très-forte, qui firent dresser toutes les oreilles et arrêtèrent court la distribution.

Raymond était monté sur sa chaise et brandissait son journal d'un air de triomphe.

— Grandes nouvelles, Messieurs, criait-il de son accent méridional le plus pénétrant, grrrandes nouvelles : écoutez tous !

Chacun se tourna de son côté et le plus grand silence se fit.

— « Projets de loi. » Au pluriel, Messieurs, au pluriel !

« 1° Projet de loi, portant suppression de

l'internat dans tous les lycées des villes au-dessus de vingt mille âmes qui le conservent encore;

« 2° Projet de loi portant création de nouveaux collèges d'internes, sur le modèle de celui de F..., dans toutes les villes au-dessous de vingt mille âmes qui en feront la demande, sous les conditions suivantes :

« *A*. Les collèges seront établis, non dans les villes mêmes, mais à proximité, dans des emplacements convenables, au double point de vue de l'hygiène et de l'étendue.

« *B*. L'importance de ces établissements sera subordonnée à l'importance des sacrifices que s'imposeront les villes, soit au moyen de cotisations particulières, soit par des subventions municipales.

« Un collège élémentaire sera établi dans les villes qui, n'en ayant pas encore, s'imposeront d'une somme de cent mille francs.

« Un collège secondaire, professionnel ou classique, sera annexé au premier dans les villes qui s'imposeront d'une somme double.

« Enfin un collége supérieur sera joint aux deux autres dans les villes qui élèveront leur subvention à trois cent-cinquante mille francs.

« Les départements et l'État pourvoieront aux autres dépenses. dans les proportions fixées par l'usage et par les lois.

« Les externes de la ville seront admis aux mêmes conditions que dans les établissements existants de même nature.

« Il devra être pourvu, le plus tôt possible, et par des fondations spéciales, à la création d'un certain nombre de bourses d'internes et d'externes. »

— Excellent, excellent, parfait ! cria-t-on de toutes parts.

— Écoutez, écoutez, messieurs, voici le plus intéressant :

« Troisième projet de loi. La ville de L... demande la refonte complète de son enseignement élémentaire de garçons sur les bases suivantes :

« *A*. Gratuité complète dudit enseignement.

« *B*. Création d'un enseignement unique pour tous les élèves, sans distinction de classes sociales.

« *C*. Fusion du collége élémentaire et de toutes les écoles primaires de la ville.

« *D*. Création d'un nombre aussi considérable de colléges élémentaires, qu'il y aura de groupes de trois cents élèves.

« *E*. Formation de comités chargés d'aider la ville dans cette œuvre de rénovation, en s'occupant de l'installation des locaux dans leurs quartiers respectifs.

« La ville demande à s'imposer extraordinairement pour cet objet, et à contracter en outre un emprunt de trois millions.

« Il sera conservé un certain nombre d'écoles primaires préparatoires dirigées par des femmes, à moins qu'on ne puisse y suppléer par une extension plus grande donnée à l'enseignement dans les salles d'asile. »

— A la bonne heure! cria un élève, voilà qui est vraiment démocratique.

— Un instant, un instant! dit Raymond en commandant du geste le silence. Il continua :

« Tout élève qui aura obtenu la note « très-bien, » à son examen de sortie du collége élémentaire, aura droit à une bourse dans un des deux colléges secondaires de la ville, professionnel ou classique, à son choix, s'il est établi d'ailleurs que sa famille ne peut payer le montant de l'externat.

« Cette bourse sera maintenue, lors de leur sortie du collége secondaire, à ceux d'entre ces élèves qui auront obtenu la mention « bien « ou très-bien » à l'examen du bacccalauréat du premier degré, et ils jouiront de cet avantage jusqu'aux limites extrêmes de l'enseignement supérieur, à quelque carrière qu'ils se destinent. »

— Bravo, messieurs, bravo! s'écria un élève. Un bon point à la ville de L.... Oui, oui, voilà de la démocratie, et de la bonne.

— Vous avez tout dit, vous autres, quand vous vous êtes rempli la bouche de ces quatre syllabes : Dé-mo-cra-tie, intervint le grand jeune homme au lorgnon avec un geste de dédain. Nous en verrons de belles avec votre démocratie !

— Connu, connu, vicomte ! riposta Raymond en agitant sa crinière comme un lion et en lançant en l'air son journal. On regrette le beau temps des priviléges et de la médiocrité titrée. Mais nous n'en voulons plus. Place au talent, place au génie, place à la lumière ! N'est-ce pas, enfants ?

Il y eut parmi les élèves un enthousiasme délirant. Moi-même je me sentis pris, je redevins collégien, enfant, gamin. Je battais des mains, je criais : « bravo ! » je serrais la main de mes voisins, qui ne faisaient pas la moindre difficulté de me traiter comme l'un des leurs.

Le vicomte et ses acolytes sentirent qu'ils avaient le dessous et gardèrent un silence prudent.

— Je propose, messieurs, cria un élève, que nous portions en triomphe Raymond et son journal. Trois tours autour de la salle, au nez et barbe du vicomte !

— Entendu !

— Ça y est !

— En avant !

— Houp !

On remit à Raymond son journal entre les mains, on l'enleva comme une plume et la procession commença.

Ce fut un brouhaha indescriptible.

On achevait le premier tour avec un accompagnement de rires et de bravos à faire trembler toute la salle, quand la porte s'ouvrit brusquement, et... M. Victorin parut sur le seuil.

Raymond dégringola comme une tuile des épaules de ses camarades, la procession s'arrêta net, mais le fou-rire continua de plus belle.

Jamais je n'ai vu scène plus comique, jamais contraste plus franc entre la gravité imperturbable et l'hilarité débordante. Victorin était médusé.

Je ramassai toutes mes forces pour me donner une contenance convenable et je pris la parole :

— Monsieur Victorin, permettez-moi, en ma qualité de témoin désintéressé...

Le fou-rire, quelques secondes suspendu, reprit avec une intensité croissante.

— Permettez-moi de vous expliquer les faits qui... ou plutôt... les faits... par lesquels...

Mon regard venait de tomber sur Raymond. Il dardait sur moi ses petits yeux noirs d'une façon si drôle, que je partis d'un éclat de rire qui fit sauter du coup plusieurs boutons de mon gilet.

Le fou-rire prit des proportions épiques.

M. Victorin, immobile à sa place, regardait toujours.

Enfin, par un effort désespéré, je fendis la foule des élèves, je pris Victorin par le bras et je l'entraînai dans le vestibule.

La porte volante retomba derrière nous et les rieurs purent s'en donner à l'aise.

Comme nous arrivions dans le vestibule, le Directeur, descendant de chez lui, y arrivait de son côté. Je racontai rapidement à ces Messieurs ce qui venait de se passer. Le Directeur ne put s'empêcher d'en rire; quant à Victorin, ses lèvres ébauchèrent une grimace innommable et son masque reprit aussitôt sa rigidité habituelle.

J'appris qu'il venait prendre les élèves de la quatrième classe pour les mener en promenade. Ils devaient commencer le lendemain l'explication du « Discours de la Couronne, » et ils allaient en lire ensemble la traduction sous les grands arbres au bord de la rivière, à trois ou quatre kilomètres de là.

Nous entrâmes dans la salle. L'ordre s'était rétabli comme par enchantement. Sur un signe de Victorin, un certain nombre d'élèves, parmi lesquels Raymond et le Vicomte, le suivirent.

— Allez appeler les autres, dit-il.

Et la troupe entière disparut.

Je restai dans la salle avec le Directeur et quelques élèves. Ceux-ci, par discrétion sans doute, s'écoulèrent un à un et nous fûmes seuls.

Le Directeur prit le journal passablement froissé et mutilé, qui avait servi de prétexte aux scènes précédentes, et lut rapidement l'article que nous connaissons. On voyait, au mouvement de ses yeux et de sa tête, le contentement que lui faisait éprouver cette lecture. Quand il eut fini, il jeta le journal sur la table et, se tournant vers moi :

— Vous le voyez, Monsieur, la lumière se fait. Ah ! nous avons dans ce moment un Ministre de l'instruction publique singulièrement actif et intelligent. Pourvu que les intrigues de ses ennemis... Mais non, ce n'est pas possible. Dussions-nous avoir encore quelques échecs, le triomphe est proche et certain.

Je saisis l'occasion pour demander quelques explications sur un point qui m'avait frappé.

— Je comprends parfaitement, dis-je au Directeur, la suppression de l'internat dans les Lycées des villes; mais ce que je comprends moins bien, c'est qu'on ne le supprime pas partout, comme on l'a fait, si je ne me trompe, et depuis longtemps, dans d'autres pays.

— Mon cher Monsieur, il y a deux raisons pour cela : la première, c'est que ce n'est pas possible, et la seconde, à mon point de vue du moins, c'est que ce n'est pas désirable. L'internat est tellement entré dans nos habitudes et dans notre sang, qu'on ne pourrait en tous cas l'en arracher que peu à peu. Si nous supprimions l'internat, savez-vous qui en bénéficierait ? Nos adversaires, et le ciel nous préserve de leur fournir des armes ! En second lieu, poursuivit-il après une pause, je suis persuadé que la suppression de l'internat serait un mal. Il faut en supprimer les inconvénients, — je crois que nous y avons réussi, — mais il faut en conserver les avantages, très-réels et très-nombreux, j'en suis convaincu. Au point de vue du développement des caractères, l'internat a les plus heureux effets. Pour la formation de l'homme, rien ne peut remplacer cette vie commune, ces frottements incessants, cette limitation et cet aiguillonnement continus d'un caractère par tous les autres. Je vous en donne ma parole, les hommes que nous formons ici seront solidement trempés pour toutes les situations et toutes les luttes de la vie.

Il se leva.

— Au point de vue des études, continua-t-il en arpentant la salle à grands pas, le profit n'est pas moins grand. Cette absence de distractions étrangères au but des études, ce milieu créé spécialement pour l'éducation de l'intelligence, où tout la rappelle et où tout la sert, ces ressources accumulées qu'on a toujours sous la main, enfin et surtout le contact incessant de l'élève avec des maîtres bienveillants et instruits, tout cela constitue un ensemble de conditions favorables, que vous ne pourrez pas réunir ailleurs. Ajoutez à cela la vie au grand air, les travaux manuels, les exercices du corps multipliés, et vous aurez une idée des avantages de l'internat, tel du moins que nous l'entendons.

« Sans doute, dit-il encore, il faudra toujours des Lycées d'externes dans les grandes villes, et l'on peut suppléer dans quelque mesure à la sécheresse de l'externat, en retenant les élèves au Collège deux ou trois heures par jour en dehors des classes et en mettant à leur portée quelques-unes des ressources que nous possédons ici. N'importe ! nous avons une supériorité marquée, et cela se voit dans les examens.

— Cependant, répliquai-je, il est un point où cette supériorité vous échappe et ce point touche à la chose la plus sacrée, la famille. Il me semble si important, que je me demande s'il n'y a pas lieu de lui sacrifier tout le reste.

— Peut-être... Mais veuillez bien remarquer que, par la force des choses, un grand nombre de familles seront obligées de se séparer de leurs enfants, quoi que vous fassiez. Elles les mettront dans des familles étrangères, soit ; mais alors l'avantage s'atténue singulièrement et je ne vois pas de différence appréciable entre cet état de choses et le nôtre. Ici la vie de famille s'allie, autant que possible, avec une vie collective plus étendue et, dans le quartier des grands elle devient plus étroite encore, puisque les élèves, les étudiants, comme nous les appelons dès lors, sont en pension chez les professeurs.

— Mais la vie sociale proprement dite, celle du dehors, celle d'au delà, vos internes la connaissent-ils?

— Ils la connaîtront assez, plus tard, me répondit le directeur; mais ne croyez pas qu'ils y soient étrangers dès aujourd'hui. Elle leur arrive d'abord par les journaux et les revues que vous voyez sur cette table. Ils s'y replongent, tant qu'ils veulent, deux mois par an, pendant les vacances. Enfin les rapports entre la ville et le Collège sont plus nombreux que vous ne pensez. Comme tout le monde plus ou moins a travaillé à le créer et contribue à le faire vivre, c'est une institution dont on est très-fier, et nos familles bourgeoises regardent comme un honneur et comme un plaisir de recevoir chez elles nos professeurs et nos élèves.

« Nous avons comme externes tous les jeunes garçons de la ville, assez nombreux et assez liés avec les internes, dont nous les rapprochons le plus possible au lieu de les en séparer, pour faire sortir chaque dimanche un grand nombre de ces derniers. Enfin, comme la plupart de nos internes appartiennent à la région, tous les samedis soirs ou tous les dimanches matin, vous les verriez prendre leur vol, qui en bateau, qui en chemin de fer, qui en voiture, qui à pied, pour parcourir les cinq, dix ou vingt kilomètres qui les séparent de chez eux. Quelquefois ils emmènent un camarade. Il n'est pas très-rare le dimanche de voir le Collége absolument vide d'élèves. Avez-vous encore quelque objection à me faire ?

— Permettez, je ne fais plus d'objections à

présent, je questionne. Vous avez une baguette magique, qui pulvérise tous les arguments, dès qu'ils font mine de montrer la tête. Aussi ne demandé-je plus qu'à me faire convaincre.

— Et la chose est d'autant plus facile, que vous êtes déjà convaincu !

CHAPITRE VIII.

MES PÉRÉGRINATIONS CONTINUENT.

Nous étions sortis, le directeur et moi, sur le dernier mot.

— Voulez-vous, me dit-il, que nous fassions un tour au cabinet de physique?

Le cabinet de physique donnait dans le vestibule au fond. On en voyait la porte à droite, en sortant de la salle de lecture, près de l'escalier. Nous y entrâmes.

Je fus frappé dès l'abord de l'amplitude de la salle, de l'ordre admirable qui y régnait, du grand nombre des instruments, — dont beaucoup m'étaient inconnus — qui s'étalaient dans des vitrines ou sur des rayons à plusieurs étages. Des bancs pouvant contenir près de cent personnes, s'élevaient en amphithéâtre. Une estrade, sur le devant de laquelle on pouvait aisément placer la plus grosse machine, était dressée pour le professeur.

— Nous devons cette salle, ou plutôt son contenu, dit le directeur, à la munificence d'un riche industriel des environs, dont les deux fils aînés ont été élevés dans le collége, et dont le troisième est maintenant encore notre élève. Il nous a ouvert un crédit en quelque sorte illimité pour l'entretenir au fur et à mesure et le compléter.

Quelques élèves très-jeunes, cinq ou six au plus, étaient réunis autour d'un monsieur, qui leur expliquait à voix basse l'agencement des pièces et le jeu d'une machine pneumatique.

Nous nous gardâmes bien de les interrompre et nous demeurâmes à quelque distance.

— Vous voyez là notre préparateur, qui est en même temps chargé de l'entretien des collections. C'est un homme instruit, qui vit là par goût du matin au soir et qu'on a presque autant de peine à arracher de ses machines qu'un vieux loup-de-mer de son bord. Ces jeunes gens sont des élèves de la seconde classe qui préparent avec lui, je suppose, leur leçon de demain. C'est un principe chez nous, que nul ne doit aller à une leçon sans en avoir étudié le sujet d'une manière au moins générale : le professeur perd ainsi moins de temps et l'élève profite bien mieux.

— N'avez-vous pas aussi un laboratoire de chimie?

— Non. Le cabinet de physique est dans le quartier des moyens, le laboratoire de chimie est dans le quartier des grands. Voici pourquoi. La physique est une science plus expérimentale, moins abstraite que la chimie, ou, si vous aimez mieux, les expériences de la physique ont un caractère plus saisissant, parce qu'elles se font d'ordinaire au moyen de machines, qui frappent vivement les yeux et dont le jeu intéresse l'esprit des enfants. Il faut un esprit d'observation tout autrement exercé et fin pour suivre avec profit les expériences de la chimie. Aussi, à l'exception de l'optique que nous réservons pour l'enseignement supérieur, poussons-nous ici beaucoup plus loin l'étude de la première de ces deux sciences que celle de la seconde. C'est l'inverse au quartier des grands. Ils n'ont plus guère à faire de la physique que la partie abstraite, tandis qu'ils se livrent en grand aux manipulations de la chimie, dont on ne leur a donné ici que les premiers éléments.

— Cela me semble très-bien entendu.

— Ah! j'oublie de vous dire qu'il se fait ici une fois par semaine un cours de physique pour les demoiselles et pour... les mamans qui les accompagnent. Pendant les mois d'hiver, nous avons également ici tous les huit jours, le soir, une leçon pour les adultes. Ces cours ne sont pas seuls, et ce n'est pas un des moindres avantages d'un établissement comme celui-ci, d'être un foyer de lumière pour une ville et même pour une contrée, qui n'auraient rien sans cela.

— Que tout cela est beau! m'écriai-je.

— Dites plutôt : Que tout cela est simple! Dans cinquante ans d'ici, on ne comprendra pas que nous ayons pu si longtemps croupir dans les ténèbres. Mais voulez-vous voir nos collections? Elles ne sont pas riches. Vous savez, Paris ne s'est pas fait en un jour.

Nous passâmes dans la salle à côté..

L'arrangement n'en était pas moins irréprochable que celui du cabinet de physique. Tout était classé et étiqueté dans des vitrines en bois noir, qui n'avaient pas le moins du monde un aspect funèbre, au contraire. La collection minéralogique me parut fort riche, quoi qu'en eût dit le directeur. Celle de zoologie, par contre, était encore fort incomplète. Nous nous contentions bien de moins, de mon temps!

— Vous êtes ici, dit le Directeur, dans le département de Martin, comme dans la pièce à côté, du reste. Tous ces échantillons que vous voyez là, il se les est procurés lui-même, soit qu'il les ait trouvés en fouillant les environs avec nos élèves, soit qu'il les ait obtenus par des cadeaux ou des échanges. Il a le diable au corps pour cela. Je crois qu'il est en relation avec tous les savants des deux mondes. Il n'y a qu'une chose qui le désespère : l'exiguïté du local. Je me charge de vous procurer, dit-il, un éléphant de la Nubie et un ours blanc du pôle; mais il me faut un local ! pour l'amour de Dieu, un local !... Je lui dis toujours de prendre patience; mais, vous l'avez vu, la patience et lui, ça fait deux.

En sortant du cabinet de physique et des collections, le Directeur me conduisit au dessin.

— Vous comprenez, me dit-il, que nous n'avons pas la prétention de former des artistes. Beaucoup de dessin linéaire et de perspective, passablement de dessin d'architecture et d'ornement, un peu de dessin d'imitation, voilà ce qui se fait ici. Le maître consulte les dispositions des élèves et agit en conséquence. Donner à tous un peu de goût, fournir peut-être à quelques vocations le moyen de se révéler, c'est tout notre but.

— Tenez, voici un garçon, me dit-il, en me montrant un élève d'une quinzaine d'années en train de copier une tête de Christ et qui paraissait fort absorbé dans son travail, voici un garçon qui a des dispositions singulières : entre nous, il est beaucoup plus fort que son maître.

Cinq ou six élèves, outre celui-là, crayonnaient, lavaient ou estompaient de divers côtés. Je dois leur rendre cette justice, qu'ils étaient fort à leur affaire.

Nous nous arrêtâmes en passant devant un jeune garçon de douze à treize ans, qui était occupé, avec plus de zèle que de succès, à cambrer sur sa hanche le torse nu d'un lutteur antique.

— Mon ami, lui dit le directeur, vous avez entrepris là un travail d'hercule, qui me semble un peu fort pour votre âge.

— Il y a là, en effet, dit le gamin, une courbure que je ne puis pas attraper.

— Si vous continuez à vous tenir si mal, je crains bien que vous n'ayez plus tôt fait d'attraper une courbature; quant à votre athlète, c'est déjà fait.

Le Directeur prit le crayon des mains de l'élève, et d'un trait singulièrement prompt et hardi il remit le buste dans sa position normale et lui donna la souplesse voulue.

— Abaissez-moi cette hanche, faites saillir ce muscle, adoucissez cette ombre et une autre fois, croyez-moi, choisissez des modèles plus en rapport avec vos forces.

Le Raphaël en herbe demeura pétrifié devant son dessin. Qui sait quel échafaudage d'illusions le Directeur venait de renverser ?

Nous quittâmes le dessin et nous nous rendîmes aux ateliers.

Ils étaient situés derrière la maison et entouraient une vaste cour, où des matériaux, — bois et fer — étaient entassés.

La forge était déserte et silencieuse pour le moment. Un petit nombre d'élèves, généralement assez jeunes, travaillaient au tour et dans l'atelier de menuiserie, sous la surveillance de deux maîtres ouvriers. Ils avaient l'habit bas, les manches retroussées et, s'ils ne brillaient pas du côté de l'habileté, le courage du moins ne laissait guère à désirer.

Toutes sortes de meubles ou fractions de meubles, du genre de ceux que j'avais vus dans la chambre de Charles, étaient là sur le chantier. Quelques-uns portaient la marque d'une très-grande inexpérience, d'autres étaient fort bien faits.

— Vous avez là des apprentis bien jeunes, dis-je au maître de menuiserie, qui suivait du coin de l'œil un gamin de douze ans en train de massacrer une planche avec son rabot.

— Eh là ! monsieur, il faut bien commencer une fois, et puis, comme dit le proverbe : « C'est en forgeant et en rabotant... » Dame, vous savez cela aussi bien que moi.

— Et vos élèves en général montrent-ils de l'aptitude ?

— Vous voulez dire s'ils travaillent fort? Ça dépend, il y a des fainéants là comme ailleurs; mais il y en a que c'est dommage de ne pas les pousser : ça ferait de fiers ouvriers et dégourdis, et robustes ! Puis, voyez-vous, en général ça a du compas dans l'œil, ces gamins. Vous comprenez, ça fait ses mathématiques, tandis que nous autres...

— Vous pensez donc que l'instruction...

— L'instruction, monsieur, on le voit bien maintenant chez l'ouvrier, c'est la clé de tout. Je me mords assez les doigts de n'avoir pas été éduqué. Aussi dussions-nous, ma femme et moi, crever sur la paille, il faudra bien que nos enfants...

— Vous savez ce que je vous ai dit, Michaud, interrompit le Directeur, ne vous inquiétez pas de vos enfants, je m'en charge. Voilà déjà que votre aîné...

— Oh ! je sais que monsieur le Directeur est bien bon pour le pauvre peuple. Depuis que le collége existe dans le pays, ça a joliment changé. Avant nous étions comme dans un four. Depuis, on dirait qu'on a ouvert les fenêtres : on commence à respirer et à y voir clair.

— Votre petit Pierre va déjà pas mal dans la seconde élémentaire.

— Oui, mais ça ne vaut pas encore mon petit Louis, fit-il en se redressant, vous savez, monsieur le directeur? celui dont mademoiselle Amélie est la marraine. C'est elle qui lui a appris à lire, ajouta-il en se tournant vers moi, la bonne chère demoiselle, et chaque jour encore... Ah! c'est des crêmes de gens, ça. Mais allez, monsieur le Directeur, Michaud n'est pas un ingrat.

Le Directeur était devenu très-pâle.

— Mon bon Michaud, dit-il avec un effort, je ne sais si ma fille... pourra continuer. Une absence...

Je sentis qu'il fallait changer la conversation.

— Tous ces ouvrages, dis-je en ayant l'air de regarder attentivement une table à peu près achevée, sont de la main des élèves ?

— Oui, monsieur, si ce n'est qu'on leur donne bien un petit coup de main par-ci par-là. Mais il y en a dans le nombre qui peuvent quasiment, comme on dit, voler de leurs propres ailes.

— Quel est votre meilleur élève ?

— Monsieur le Directeur le sait bien, pardine, c'est M. Charles. En voilà un qui a du coup d'œil, et du goût ! C'est fort comme un hercule, et puis ça ne craint pas de se salir les mains ou de déchirer ses habits. Ce n'est pas comme le vicomte...

— Vous lui en voulez donc bien à ce pauvre vicomte, dit le Directeur en riant.

— C'est pas qu'on lui en veuille. Mais que voulez-vous ? je n'aime pas les gens qui ont toujours le lorgnon sur l'œil et qui ont tant peur de se froisser les manchettes. Morbleu ! ce n'est pas des hommes ça ! parlez-moi de M. Charles : c'est comme les chats, ça tombe toujours sur ses pattes.

Le jeune apprenti de douze ans avait continué de raboter ou plutôt d'abîmer sa planche.

— Vous avez là, dis-je à Michaud, un apprenti qui paraît avoir besoin de vos lumières, et nous vous faisons perdre votre temps à jaser. Adieu, et enchanté, monsieur Michaud, d'avoir fait votre connaissance.

— Bien obligé. Adieu, monsieur le Directeur; adieu messieurs.

Nous traversâmes la cour et nous rentrâmes dans la maison. Nous fûmes bientôt dans le vestibule. Martin et ses élèves y arrivaient de leur côté.

Je ne pus m'empêcher d'admirer encore l'air de santé et de vigueur de la plupart de ces jeunes gens.

Martin nous aborda avec sa bonhomie ordinaire.

— Rude course, messieurs, rude course! Mais on n'a pas perdu son temps. Nous venons de la grotte de S... et nous avons donné tant de coups de pioche, que j'ai failli être pris sous un éboulement.

Il nous montrait son habit déchiré et ses bottes maculées de boue en disant cela.

— Vous occupez-vous de géologie? dit-il en se tournant vers moi.

— Mais... Voilà... répondis-je avec embarras

— C'est dommage, je vous aurais montré quelques échantillons qui en valent la peine. Je vous ferai voir ça, monsieur le Directeur. Pour le moment, je crois que ce que j'ai de mieux à faire, c'est d'aller me changer. Puis il se passe des choses extraordinaires dans mon estomac : des loups et des renards qui se livrent bataille... Ah! cette coquine de bise sur les hauteurs, ça creuse, ça creuse...

— Oui, oui, allez déjeuner, mon pauvre Martin. Vous n'avez donc pas trouvé la moindre auberge sur votre route?

— Oh! on a bien pris un petit à-compte là-haut chez la mère Michonnet, juste assez pour se mettre en appétit. Je n'y tiens plus.

Il nous quitta.

Les élèves étaient montés dans leurs chambres. Je me trouvai de nouveau seul avec le Directeur.

— Quoique vous n'ayez pas autant couru que notre ami, me dit-il, vous avez fait déjà bien des choses depuis ce matin. Vous devez avoir besoin de vous restaurer. Voulez-vous me suivre?

Nous montâmes. Il était environ midi.

Amélie fut des nôtres. Elle était très-pâle. Un air de tristesse noble et résignée était répandu sur son visage. Avec ses cheveux noués négligemment derrière la tête et sa longue robe flottante elle me parut plus grande et plus belle, de la double beauté d'une déesse antique et d'une vierge chrétienne.

Quand elle parut dans la salle, je m'inclinai devant elle avec une sorte de respect religieux. Je saisis la main qu'elle me présenta, je la portai à mes lèvres et je l'humectai d'une larme.

En la retirant, elle me jeta un regard qui semblait me dire : Merci ! Puis elle me fit signe de prendre place à table, et nous nous assîmes en silence.

Quelle différence entre ce repas et celui de la veille ! La jeune fille ne détacha pas un instant ses regards de son père, qui, muet, immobile, ne leva presque pas les siens. Quelques instants auparavant, quand nous nous promenions ensemble à travers le collège, il était maître de lui et j'avais presque oublié, en écoutant sa conversation si vive et si naturelle, ce qu'il m'avait dit le matin. La présence de sa fille venait de tout réveiller, et il était facile de voir qu'un violent combat se livrait en lui.

J'étais ému d'une sympathie immense. Je m'en voulais d'être là, tiers importun, entre ces deux âmes qui avaient tant besoin de s'étreindre et de se parler. Je me plaçai au bord de ma chaise, je suspendis mon souffle, je m'abstins presque de manger, de crainte de faire trop de bruit, et, quand on m'adressait la parole, j'aurais voulu pouvoir répondre : « Par grâce, mes bien-aimés, ne vous occupez pas de moi ! »

De temps à autre, le Directeur faisait effort sur lui-même pour alimenter la conversation ; elle retombait bien vite, et elle finit par tomber si bien, qu'elle ne se releva plus.

En moins d'une demi-heure nous eûmes déjeuné et pris le café.

— Voulez-vous que nous descendions ? me dit le Directeur en se levant brusquement.

Il embrassa rapidement sa fille sur le front et, après m'avoir fait signe de passer, franchit lui-même le seuil sans se retourner.

Une fois en bas, dans le vestibule, il entra machinalement dans la salle du cercle et je le suivis.

Il prit un journal, parut le lire pendant cinq minutes, puis, se levant tout-à-coup, me demanda si je voulais prendre l'air.

Nous sortîmes ensemble. Il me montra en courant le jardin botanique, me fit faire le tour du parc et me ramena sur la terrasse, que nous nous mîmes à arpenter à grands pas.

— Je ne croyais pas, monsieur, dit-il comme sortant d'un rêve, qu'un homme raisonnable et qui a souffert pût être si complètement désarmé devant une épreuve que l'on peut qualifier de simple mécompte. Après tout, je ne perds pas mon enfant, je me sépare d'elle pour un temps, rien de plus. Puis enfin, ajouta-t-il avec une sorte d'amertume, à quoi sert-il de vieillir, si ce n'est pour apprendre le détachement? Ah! pauvre chair faible et égoïste!

— Mais, monsieur, répondis-je, le détachement du sage, celui du chrétien peut-il aller jusqu'à trancher dans notre cœur la racine des meilleures et des plus saintes affections?

— Non, mais il devrait en ôter jusqu'à la dernière trace d'égoïsme, et je m'aperçois que je n'en suis pas encore là; il y a dans ce moment rupture complète entre mon cœur et ma raison. Je ne me plains pas, je reconnais la nécessité de cette dernière épreuve; mais, en attendant que l'équilibre se fasse, je souffre plus cruellement que je n'ai jamais souffert.

— Cher monsieur, cher ami, dis-je en lui prenant la main, ce dont vous avez besoin en ce moment, ce n'est pas de mes consolations, si sincères puissent-elles être, mais des caresses de votre fille. Montez auprès d'elle, ne craignez pas de vous détendre et de laisser couler vos larmes : c'est le baume par excellence. Un quart d'heure de conversation avec elle vous fera plus de bien que toute la philosophie du monde. Surtout, ne vous inquiétez pas de moi.

— Merci, répondit-il en me serrant fortement la main, je crois que vous avez raison.

Et il me quitta.

Une vingtaine de jeunes gens, tous des visages inconnus, venaient d'entrer dans le parc et s'approchaient de la maison.

Etes-vous du collége? demandai-je à l'un d'eux.

— Oui, nous sommes externes, nous venons pour la leçon de récitation.

Un grand monsieur, jeune encore, cheveux flottants, longue barbe, une vraie tête d'artiste, arrivait en face de nous. Je le reconnus pour un de ceux que j'avais vus dans le groupe de la veille.

— Voilà notre professeur, me dit un élève.

Le professeur nous salua, toucha la main à plusieurs élèves, leur adressa quelques paroles amicales et monta l'escalier avec eux.

Au moment où j'allais les suivre, j'entendis la voix de Martin qui m'appelait et qui m'accosta.

— Dites-moi, fit-il en me posant la main sur l'épaule, êtes-vous pris à dîner chez le directeur ?

— Mais... non, pas précisément, répondis-je.

— Eh bien ! dans ce cas, vous serez des nôtres. Là, tenez, cette maison jaune, derrière ce bosquet. Ma femme sera enchantée de faire votre connaissance. Et puis, — entre nous, — j'ai acheté ce matin certaine pièce chez la mère

Michonnet... Ma femme prépare ça, vous verrez !

Il plaça ses cinq doigts bien ramassés sur ses lèvres et fit un geste des plus expressifs.

C'était une trop belle occasion de débarrasser le directeur de ma gênante personne.

— Accepté ! répondis-je à Martin.

Et je plantai ma main entre ses cinq larges doigts, qui me donnèrent lieu d'apprécier leur vigueur.

— Vous n'entrez pas ? ajoutai-je.

— Pourquoi faire ?

— Pour assister à la leçon de récitation. J'ai entendu dire...

— Maigre chère, monsieur, maigre chère !

Il s'éloigna, en s'administrant de petites tapes sur l'abdomen.

Au moment où je tournais le bouton de la porte :

— A cinq heures, me cria-t-il de loin, cinq heures très-précises !

— Entendu.

J'entrai.

La porte du cabinet de physique était ouverte toute large en face de moi. Il y avait du mouvement à l'intérieur. Quelques élèves y entraient.

— La leçon de récitation ? demandai-je à l'un d'eux.

— Par ici, monsieur. On fait des arrangements pour ce soir dans la salle des conférences ; la leçon se donne ici aujourd'hui.

Je suivis les élèves.

Le vaste amphithéâtre était bien garni. Un élève était debout derrière l'estrade. Le professeur, assis à quelque distance, le coude sur la table et le poing sous le menton, attendait.

J'allai m'asseoir parmi les élèves.

« *Les femmes et le secret,* »

dit le récitateur lentement, d'une voix très-distincte.

La veille, ce titre m'eût fait bondir. J'avais vu

et entendu tant de choses depuis, que celle-là me sembla toute naturelle.

L'élève récita avec beaucoup d'entrain et *d'humour* la piquante fable de La Fontaine, que mes lecteurs ne m'en voudront pas, je suis sûr, de transcrire ici :

Rien ne pèse tant qu'un secret;
Le porter loin est difficile aux dames;
Et je sais même sur ce fait
Bon nombre d'hommes qui sont femmes.
Pour éprouver la sienne, un mari s'écria,
La nuit, étant près d'elle : O dieux ! qu'est-ce cela ?
Je n'en puis plus, on me déchire !
Quoi ! j'accouche d'un œuf ! — D'un œuf ? — Oui, le voilà
Frais et nouveau pondu : gardez bien de le dire;
On m'appellerait poule. Enfin, n'en parlez pas.
La femme neuve sur ce cas,
Ainsi que sur mainte autre affaire,
Crut la chose et promit ses grands dieux de se taire;
Mais ce serment s'évanouit
Avec les ombres de la nuit.
L'épouse, indiscrète et peu fine,
Sort du lit quand le jour fut à peine levé ;
Et de courir chez sa voisine :
Ma commère, dit-elle, un cas est arrivé;
N'en dites rien surtout, car vous me feriez battre !
Mon mari vient de pondre un œuf gros comme quatre.
Au nom de Dieu, gardez-vous bien
D'aller publier ce mystère,

Vous moquez-vous ? dit l'autre : Ah ! vous ne savez guère
Quelle je suis. Allez, ne craignez rien.
La femme du pondeur s'en retourne chez elle.
L'autre grille déjà d'en conter la nouvelle :
Elle va, la répand en plus de dix endroits ;
Au lieu d'un œuf, elle en dit trois.
Ce n'est pas encor tout ; car une autre commère
En dit quatre, et raconte à l'oreille le fait :
Précaution peu nécessaire,
Car ce n'était plus un secret.
Comme le nombre d'œufs, grâce à la renommée,
De bouche en bouche allait croissant,
Avant la fin de la journée
Ils se montaient à plus d'un cent.

Il y eut quelques bons rires dans la salle. Le récitateur, lui, avait gardé tout son sérieux et était arrivé au bout sans accroc.

Quand il eut fini, il s'assit tranquillement et le professeur se leva.

— Les rires de vos camarades, commença-t-il d'un ton où perçait une légère pointe d'ironie, peuvent vous tenir lieu d'applaudissements. Leur... exagération, à son tour, pourrait vous tenir lieu de critique. Si vous m'en croyez, mon ami, ne chargez jamais La Fontaine. De la légèreté, de la souplesse et du naturel, voilà tout ce qu'il faut pour rendre les fines nuances de style de cet inimitable conteur.

« Quel début! messieurs, continua le professeur. Comme toute la philosophie de la fable est rendue dans ces quatre vers, et comme c'est simple en même temps! Voyez déjà ce premier vers: tout s'y trouve, avec quelle concision et quel esprit!

« Rien ne pèse tant qu'un secret : »

Essayez de dire autrement et mieux, vous n'y réussirez pas. Avez-vous remarqué le verbe « peser » et ces quatre mots: « Rien ne pèse tant »; et ce contraste entre la première et la seconde partie du vers: « Rien ne pèse tant que... » Quoi? La pauvreté, les honneurs, la mort, la vie? — Non, qu'un secret. Voilà qui est trouvé; mais c'est si simple, qu'il faut y regarder pour en découvrir la finesse. Pour bien dire cela, il faut détacher chaque mot de la première partie, sans emphase, et laisser un intervalle entre cette première partie et la seconde, sans affectation ; ni dramatiser, ni charger, et tout rendre cependant.

« Voyez comme ce qui suit immédiatement, fond et forme, se lie au commencement et le développe !

« Le porter loin est difficile... »

« Rapprochez l'adjectif de maintenant du verbe de tout à l'heure : même idée, même ton, même effort ! Le porter loin est dif-fi-ci-le, je le crois bien, cela pè-è-se tant !

« Difficile,... à qui ? Messieurs, cela ne vous regarde pas, c'est difficile... aux dames.

« Attendez cependant ; rira bien qui rira le dernier !

« Et je sais même sur ce fait... »

« Beaucoup de finesse dans ce vers, comme d'un homme qui appelle l'attention et prépare son coup !

« Bon nombre... » Appuyez, mais sans exagération.

« D'hommes... » Voilà pour vous, messieurs les rieurs.

« Qui sont femmes. » Aux dames de rire, c'est trop juste.

« Patience ! Messieurs, vous allez prendre votre revanche. »

Le professeur relut alors les quatre premiers vers dans l'esprit qu'il venait d'indiquer, puis dit la fable tout d'une haleine, avec une souplesse, une grâce, une vérité, qui laissèrent à mille lieues derrière elles les pasquinades et les drôleries de l'élève. Il avait l'air de nous parler à l'oreille et nous étions sous le charme. Ce fut pour moi une véritable révélation et, quand il eut fini, je ne pus m'empêcher de m'écrier en moi-même : « O La Fontaine, que tu es grand ! » Je ne l'avais pas lu, le cher homme, depuis le temps où j'ânonnais sur les bancs de l'école :

« Maître corbeau sur un arbre perché... »

Quelle distance !

Après La Fontaine, Musset, dans une partie de « *La nuit de mai,* » et surtout dans sa sublime parabole du « *Pélican.* »

Après Musset, Racine, dans la belle scène d' « *Iphigénie* », entre Agamemnon et Achille, avec ces deux vers en finale :

Pour aller jusqu'au cœur que vous voulez percer,
Voilà parquel chemin vos coups doivent passer.

Après Racine, Victor Hugo, dans son ode titanesque de « *La Colonne.* »

Après Victor Hugo, Molière, dans sa charmante scène à trois du « *Sonnet,* » au premier acte du *Misanthrope,*

Après Molière, Corneille, dans le beau monologue de *Polyeucte.*

Tout cela, coupé de temps à autre par la prose de lord Chatam, de Mirabeau, de Bossuet...

Il y eut bien des faiblesses, mais le maître relevait tout par la finesse de ses critiques et par la manière admirable dont il les mettait ensuite en action.

Je passai là deux heures et demie, — car nous nous oubliâmes dans ce défilé charmant, — qui comptent parmi les plus pures jouissances littéraires de ma vie. Je ne pus m'empêcher de mettre en parallèle nos anciennes leçons de récitation, alors que dix élèves d'une voix lamentable ânonnaient une demi-heure durant le même sempiternel morceau, et la douceur de mes souvenirs se traduisit par une série de formules comme celles-ci : « Ouf ! Hélas ! Se peut-il bien ! Quelle misère ! »

J'abordai le professeur après la leçon ; je le remerciai chaleureusement, et tout en nous promenant sur la terrasse pendant que les élèves couraient au gymnase, nous causâmes longtemps ensemble. Quel aimable homme, point fier, point pédant, et ferré sur ses auteurs, et fin connaisseur en littérature ! Il était professeur de français au Collége et ne regardait ses leçons de récitation que comme un très-minime accessoire. Mais cet accessoire, dites-moi, comme nous nous en serions contentés, même en guise de principal !

— Holà ! messieurs de la littérature, cria tout-à-coup une voix forte sortant du même fourré d'où je l'avais entendue sortir la veille pour la première fois, vous vous oubliez à causer, et le rôti brûle !

— Pardon, cher monsieur Martin, m'écriai-je en regardant ma montre qui marquait cinq heures dix minutes, ces gens de lettres, ces.., artistes, ça n'a jamais les pieds sur la terre.

— C'est nous, gens de science, qui avons la charge de vous y ramener, et nous nous acquittons joliment bien de notre emploi. Ah ! ah ! ah !

— Le fait est que, quand on a une base comme la vôtre, dit le professeur de littérature, on ne risque pas de s'envoler, et Pégase lui-même...

— Si Pégase voulait m'emporter, collègue, je l'assommerais d'un coup de poing et je le mettrais en saucisses. Ah ! ah ! ah ! allons dîner, messieurs. Collègue, je vous emmène.

— Autant chez vous qu'ailleurs. Quand on est célibataire...

Le directeur arrivait au même moment sur la terrasse. Martin lui adressa quelques mots à voix basse, je m'excusai auprès de lui et je suivis ces messieurs.

Martin me présenta d'abord à sa femme. C'était une grande anglaise aux traits fins et réguliers, d'où une extrême douceur n'excluait point une petite pointe de positivisme.

Trois beaux enfants à la mine éveillée, aux joues roses, les jambes et les bras nus, avec des chairs bien fermes et de bons muscles solides, vinrent me sauter au cou l'un après l'autre, comme à une vieille connaissance, après avoir régalé du même accueil le collègue de leur papa.

— Voilà ma petite couvée, dit Martin en étalant sa large main sur la tête de son aîné, un beau garçon de huit à dix ans, qui en paraissait onze ou douze: De vrais enfants de la nature, monsieur ! Ça court comme des cerfs, ça grimpe comme des écureuils et ça boxe comme des anglais. Mais quand on est aux leçons aussi, ah ! ah ! il ne faut pas plaisanter.

— Comment se fait-il que vous n'envoyiez pas ce grand garçon au collége des petits ?

— Il y a trop de discipline par là-bas. C'est peut-être nécessaire, mais j'aime mieux une vie plus libre. Puis, jusqu'à l'âge de douze ans, il n'y a rien comme la famille. C'est ma femme et moi qui donnons toutes les leçons.. Dans un an ou deux, on verra...

Nous nous mîmes à table, et le dîner, très-simple d'ailleurs, fut exquis.

Madame Martin causa peu. Elle avait assez à faire d'ordonner le repas et de veiller sur ses enfants. Son mari parla pour deux, tout en mangeant comme quatre.

Le professeur de littérature déploya une grâce attique charmante. Il parait avec une dextérité merveilleuse les gros pavés de son collègue et lui décochait à son tour des flèches légères, que Martin brisait à grands coups de poing. C'était un assaut des plus amusants.

La belle mine des enfants de Martin servit de premier thème à la conversation, qui roula assez longtemps sur l'éducation de l'enfance.

— La soupe, le grand air et la gymnastique, disait notre hôte, voilà les trois grands éducateurs de l'homme. Ne me parlez pas de ces fréluquets d'enfants qui ont toujours peur de s'enrhumer ! Lavez-moi ça à grande eau matin et soir ; laissez courir tête nue, bras nus, au vent, au soleil, et à la pluie. N'empêchez pas les batailles et ne craignez pas les coups : ça développe les muscles et ça forme le tempérament. Faisons d'abord de bons fourreaux, messieurs, nous tâcherons ensuite d'y mettre de bonnes lames.

— Je vois, répondit le professeur de littérature, que vous appliquez l'adage antique : *Mens sana in corpore sano.*

— Oui, oui, mais ne renversons pas les termes ; *Corpus*, d'abord, *mens*, ensuite! Pour moi, s'il fallait choisir...

— Vous diriez comme le bonhomme Chrysale :

Guenille si l'on veut, ma guenille m'est chère.

Il est certain, cher collègue, que vous auriez plus à perdre qu'un autre.

— Oui, oui, vous êtes un farceur. Je vous entends : vous voulez dire que j'aurais plus à perdre du côté du corps que du côté de l'esprit. Mais ça m'est égal. Je veux donner d'abord un bon coffre à mes enfants ; après ?...

— Il me semble, collègue, que vous y avez assez bien travaillé jusqu'ici.

— Oh ! d'abord, la souche est bonne, on le sait ; puis la méthode n'est pas mauvaise non plus. Quand j'aurai bien pétri la pâte, comme je l'entends, je vous la passerai, mon cher, vous y mettrez le reste.

La conversation roula ensuite sur les lettres

et sur les sciences, sur le mérite respectif des unes et des autres. Naturellement les deux professeurs ne furent pas d'accord.

— En comparant, disait Martin, l'ensemble des connaissances humaines à un grand édifice, je dirais volontiers que les sciences sont le fondement, ensuite les matériaux, la pierre, le bois, la fonte; enfin...

— Oui, vous laisseriez aux lettres les moulures et les corniches.

— Eh bien! justement, c'est cela. La science c'est le solide; le reste c'est la fanfreluche.

— Permettez-moi à mon tour d'user d'une autre comparaison, et de vous poser un problème. L'ensemble des connaissances humaines me fait plutôt l'effet d'un gros ballon gonflé. Je me demande seulement si la science est le gaz et les lettres l'enveloppe, ou *vice versa*.

— Mon cher, c'est bien simple : les lettres sont nécessairement ce qu'il y a de plus léger, c'est-à-dire le gaz. Comme dit votre La Fontaine : « Qu'en sort-il souvent ? — Du vent ! »

— Soit, j'accepte votre solution. Seulement je vous ferai remarquer que c'est précisément le gaz qui donne des ailes au ballon, lequel sans cela n'est qu'une machine bien plate et bien lourde.

La conversation continua sur ce ton moitié badin, moitié sérieux, sur toutes sortes de sujets, d'abord autour de la table, puis dans le cabinet de Martin, pendant que nous fumions un cigare.

Le professeur de littérature se leva tout-à-coup.

— N'oublions pas la conférence, dit-il en tirant sa montre. Il faut que je passe un moment chez moi. Messieurs, à tout-à-l'heure.

Il était sept heures et demie.

— J'ai prié monsieur le Directeur, dit Martin, de surveiller le repas des élèves, qui a lieu un peu plus tôt le jeudi. Il est temps que j'aille le relever de sa faction.

Nous sortîmes ensemble. Martin entra dans le collége et je restai sur la terrasse à me promener. La lune se levait à l'horizon dans un ciel d'une pureté admirable. Sa clarté mélancolique et la solitude ramenèrent toutes les pensées que la conversation chez Martin avait momentanément effacées de mon esprit. Je revis le Directeur, sa fille, Charles, toutes les scènes de la veille et de la journée, puis ma pensée étant venue à tomber sur la conférence, je me lançai sur ce sujet dans des réflexions à perte de vue.

CHAPITRE X.

LA CONFÉRENCE.

Tout-à-coup une ombre sortit d'un fourré et vint droit à moi. La première surprise passée, je reconnus Charles.

Il m'aborda d'un air de bonne humeur qui me fit plaisir.

— Vous paraissez bien préoccupé, me dit-il. Auriez-vous lu mon mémoire par hasard, comme certains de mes camarades que j'ai rencontrés tout à l'heure, et seriez-vous en train de fourbir des arguments pour me combattre?

— Mon cher enfant, lui répondis-je en l'attirant doucement à moi, tu n'auras pas ce soir d'auditeur plus bienveillant que moi, plus disposé même à te trouver magnifiqne. Cependant, je ne te cache pas que ces conférences...

— Vous paraissent une chose absurde, dangereuse et immorale. Il est certain, ajouta-t-il avec emphase, que ces exercices développent énormément la personnalité, mettent en jeu toutes les jalousies malsaines et provoquent dans les âmes des tressaillements bien...bien... Allons, aidez-moi donc un peu, mon cher oncle d'outre-mer !

— Parles-tu sérieusement, Charles ?

— Oui, très-sérieusement... à votre point de vue, car le mien est diamétralement opposé, comme vous vous en apercevrez tout-à-l'heure. Des hommes, des hommes, des hommes ! Voilà ce qu'il faut à la société pour vivre et pour progresser et, si elle veut en avoir, il faut bien qu'elle leur donne les occasions de se former. A cela près, cher oncle, nos conférences sont... détestables.

A ces mots, il fit une pirouette et, m'envoyant de la main un signe amical, il disparut dans le fourré comme il en était sorti.

A ce moment, de nombreux groupes de personnes, parmi lesquelles je remarquai beaucoup de dames et de demoiselles, montaient de la rivière sur la colline et s'approchaient du collège.

Je me mis à la suite de l'un de ces groupes, je gravis avec lui le grand escalier et j'entrai.

Le vestibule, fort bien éclairé, me parut encore plus vaste que la veille. Les statues et les bustes dressés dans le pourtour sur leurs piédestaux projetaient de grandes ombres sur les murs tapissés comme je l'ai dit, et l'on eût pu se croire à Florence dans un palais ou dans un musée.

A gauche, la porte de la salle des conférences était ouverte à deux battants, et une foule nombreuse et bruyante se pressait déjà à l'intérieur.

Cette salle, construite en hémicycle, avec des gradins en amphithéâtre, était élégante dans sa simplicité. Une vaste tribune, pourvue d'escaliers latéraux, s'élevait au fond. Sur le mur, derrière, des figures en fresques remplissaient quatre panneaux, séparés par des colonnes supportant des cintres : tout cela peint d'une main habile et d'un relief étonnant. Pour autant que j'en pus juger, ces figures étaient des emblèmes de l'éloquence, de la poésie, de l'art et de la science. Elles semblaient là pour inspirer et pour porter l'orateur.

Bientôt la salle fut pleine et le silence s'établit. Seul, vers le haut, un petit groupe d'élèves au milieu desquels se pavanait le vicomte, attirait l'attention par ses rires étouffés et par son attitude provocante. Je sentis mon sang bouillonner et je ne sais ce qui me retint de remettre ces faquins à leur place.

Enfin le Directeur d'un geste leur fit signe de se taire. Huit heures sonnaient et Charles faisait son entrée dans la salle.

C'était la seconde fois seulement qu'il abordait la tribune. On se souvenait de la conférence brillante mais paradoxale, qu'il avait faite l'année précédente sur ce thème : « Comparaison des sciences et des lettres, et supériorité des premières ; » et l'on se demandait, avec une curiosité impatiente et des sentiments divers, comment il traiterait son nouveau sujet : « L'éducation du siècle dernier et celle d'aujourd'hui. »

Pour moi, le cœur me battait si fort, qu'il me semblait que ma poitrine allait se briser.

Charles monta les degrés d'un pas rapide, s'assit sans regarder l'auditoire et, prenant sa tête dans ses mains, se recueillit quelques instants. On eût entendu voler une mouche.

Je regardai les visages : ils me parurent généralement empreints de bienveillance et de sympathie. Mon émotion se calma un peu et je fus presque rasséréné, quand je vis Charles se lever lentement, poser les mains sur la tribune, promener sur l'auditoire un regard modeste et tranquille, puis commencer d'une voix claire, qui n'avait qu'à s'élever d'un ton pour être vibrante :

« Mesdames et Messieurs, »

Il jeta un rapide coup d'œil du côté du Directeur comme pour s'assurer qu'il était bien là, lui et quelque autre personne peut-être ; puis il continua :

« En comparant l'éducation du siècle dernier avec celle de notre temps, particulièrement avec celle que nous avons le bonheur de recevoir dans cette institution; en exaltant celle-ci au détriment de celle-là, je sais que j'entreprends de plaider une cause gagnée d'avance et je ne crains qu'une chose, trahir vos sentiments et les miens propres, en les traduisant trop faiblement.

« Quelques considérations me rassurent. La première, c'est l'importance de mon sujet, qui ne peut être exagérée. Au fond, — et son bras droit se souleva pour la première fois avec une certaine autorité, — tout se résume là, tout aboutit là. Ne cherchez pas, sages du jour, économistes, moralistes et politiques, ne cherchez pas ailleurs la solution des graves questions qui vous préoccupent. Quand vous aurez résolu le problème de l'éducation; quand vous aurez assis cette dernière sur la double et solide base de la nature et de la science, — il articula ces derniers mots avec une énergie toute spéciale, —votre œuvre sera accomplie et son contre-coup ne tardera pas à se faire sentir dans tous les domaines. Faites des hommes seulement, et la société se réformera d'elle-même !

« J'ai d'autres encouragements encore. La cause de l'éducation nouvelle n'est pas universellement gagnée, tant s'en faut ! Elle compte dans notre pays bien des détracteurs passionnés, et peut-être y a-t-il dans cette asssemblée un certain nombres de personnes, — il jeta un regard rapide du côté d'où était venu le bruit tout à l'heure, —qui n'en goûtent pas les principes avec la même force que moi. C'est assez pour éveiller et entretenir le zèle d'une légitime défense.

« Enfin les plus décidés partisans du nouveau

système; que dis-je? — il se tourna légèrement du côté du Directeur, — ceux qui l'ont le plus fermement compris et le plus sérieusement pratiqué sont les premiers à appeler la discussion sur les questions qui s'y rattachent et ne dédaignent pas, de si bas qu'il vienne, le moindre rayon de lumière.

« Voilà, messieurs, fortifiées du sentiment de votre bienveillance, les considérations qui m'encouragent. J'avais besoin de me les redire devant vous, et maintenant, je l'espère, je marcherai sans défaillance. »

Il me sembla sentir un petit frémissement dans la salle, mais c'était un frémissement de plaisir. « On est empoigné, » me dis-je, et je respirai tout à fait à l'aise.

Après une légère pause, Charles poursuivit :

« Je n'ai pas besoin de définir longuement ce que j'entends par « éducation » et par « méthodes d'éducation. » Les mots nous sont familiers, et les choses encore davantage.

« L'éducation, c'est l'art, pratiqué sur nous

par d'autres ou par nous-mêmes, de mettre en dehors et de développer jusqu'aux limites du possible toutes nos facultés physiques, intellectuelles et morales; c'est la culture de l'homme en vue de l'amener au plus haut point de perfection et d'harmonie.

« Une méthode d'éducation, c'est l'ensemble des moyens employés ici ou là pour réaliser ce but, et mieux encore, c'est le principe qui préside à la découverte et à l'emploi de ces moyens.

« Or ce principe et ces moyens, d'où les tirerons-nous, messieurs, si ce n'est de la nature? Sur quoi se fonderont-ils, si ce n'est sur l'observation, et qui les justifiera si ce n'est l'expérience? Prenez garde! Si, au lieu d'avoir leurs racines dans des faits certains, démontrés, universels, ils partent d'un « a priori » fantaisiste, d'un préjugé, d'une routine, d'une convenance de l'éducateur, tout le système nécessairement pêchera par la base; à mesure qu'il fonctionnera, les frottements se multiplieront comme dans une machine mal jointe et vous vous étonnerez bientôt, avec une dépense énorme de forces, de n'avoir produit qu'un effet insignifiant, si ce n'est contraire. Montrons-le par quelques exemples.

« C'est un fait d'expérience, que l'attention d'un enfant ne peut pas se concentrer longtemps sur le même objet, et c'est un autre fait d'expérience que, même en variant les objets, cette attention demeure enfermée encore dans des limites assez étroites. Que dirons-nous de ceux qui, voyant cela de leurs yeux, n'en retiennent pas moins un enfant huit et dix heures sur un cahier ou sur un livre, et lui imposent des leçons d'une longueur qu'un homme aurait peine à supporter ?

« Personne ne peut contester que les convenances, les goûts, les aptitudes, le tempérament moral, tout enfin se modifie en nous avec l'âge, surtout de dix à vingt ans. Que penser d'un système, qui, ne tenant nul compte de ces différences, prétendra retenir tous les esprits et tous les corps, depuis la tendre enfance jusqu'à l'âge adulte, sous la règle d'une discipline uniforme et sous les conditions d'un travail égal?

« C'est un fait encore, que les diversités dont je parle ne se rencontrent pas seulement d'un âge à l'autre, à mesure qu'on s'élève de l'enfance à l'adolescence et de l'adolescence à la jeunesse, mais qu'elles se trouvent encore chez des enfants ou chez des jeunes gens du même âge, de sorte qu'il n'y en a pas deux qui se ressemblent pour le caractère et les aptitudes, non plus que pour la figure. Approuverons-nous un régime qui n'a pas vu ou prévu cela; qui, s'étant refusé d'avance toute élasticité à lui-même, voudra étendre tous les individus, et toujours, sur son lit de Procuste: même volume, même page, même exercice du corps, même habit?

« De cette méconnaissance des lois de la nature, savez-vous ce qui résultera nécessairement, fatalement? La révolte des uns, l'abêtissement des autres, l'amoindrissement de tous.

« Je n'ai cité que quelques exemples, je pourrais les multiplier. Je n'ai parlé que des détails, que sera-ce si j'examine l'ensemble, si je m'élève au principe même? Mise à la racine de l'arbre, l'erreur s'étendra dans tous les rameaux : c'est le sort de centaines de générations qui se lie au choix que nous allons faire!

« Or, je n'hésite pas à le dire, c'est le principe même qui était faux dans l'éducation d'il y a un siècle, et la grande tâche de notre époque doit être de le remplacer par un principe tout opposé.

« Aussi bien, ces deux principes, l'ancien et le nouveau, ne sont-ils pas seulement en lutte dans l'éducation, mais partout, et vous les avez nommés avant moi : l'un s'appelle « autorité, » l'autre s'appelle « liberté. » Définissons-les l'un et l'autre.

« Le principe d'autorité part d'une défiance en quelque sorte absolue de la nature humaine. Cette nature, à ses yeux, n'est pas une plante généreuse et vivace, qui, sous la condition d'être placée dans une bonne terre, arrosée et cultivée convenablement, porte d'elle-même et nécessairement tous ses fruits. C'est une sorte d'animal féroce, qu'il s'agit de lier et de garrotter avec soin, et dont on ne peut utiliser les forces qu'à condition de le faire d'avance trembler sous le fouet.

« La méthode de liberté, sans méconnaître le mal inhérent, hélas ! à la nature humaine, croit qu'il faut faire appel avant tout aux bons côtés de cette nature; qu'on gagne plus sur elle par la confiance que par son contraire ; qu'il faut lui inspirer la foi dans sa dignité en la respectant du dehors; qu'il est absurde d'empêcher l'homme de marcher sous prétexte de prévenir ses chutes; que la répression enfin, impuissante et dangereuse toute seule, n'acquiert une certaine efficacité que du fait de suivre les autres moyens et d'en assurer le retour.

« Ainsi, de ces deux méthodes, l'une impose, l'autre persuade; l'une exclut le choix, l'autre le provoque ; l'une rétrécit, comprime, étouffe; l'autre élargit, dilate, développe, éclaire; pour tout dire, l'une tend à faire des esclaves, l'autre veut faire des hommes libres. »

Charles avait accentué ces derniers mots d'une voix vibrante, en relevant fièrement la tête, et en frappant avec une certaine force la tribune de sa main droite.

Un tonnerre d'applaudissements lui montra que sa parole avait frappé juste. Malgré quelques réserves que j'aurais eu à faire sur le fond et sur la forme, je ne me sentais pas d'aise.

Charles parut encouragé. Il reprit bientôt:

« Que la méthode d'autorité fût employée d'une manière presque exclusive il y a cent ans, et bien plus près de nous encore, c'est ce que personne ne peut contester. Voyez plutôt!

« D'un côté, des maîtres, dans le sens rigide et étroit du mot; de l'autre, des élèves, — vous mettrez sous ce nom ce que vous voudrez, — unis les uns aux autres par quoi ? Par une pensée commune, par un lien affectueux ? Non, mais par une communauté d'habitudes et par la lettre d'un règlement.

« Au sommet de la hiérarchie, un chef, souverain omnipotent, vivant dans son cabinet bien loin, comme ces rois de l'Orient qui se confinent dans leur palais, à l'abri des regards profanes et ne se montrent par intervalles que pour distribuer des sourires ou faire trembler par un froncement de sourcil. »

Je constate qu'il y eut ici dans l'auditoire ce qu'on appelle « mouvements divers » dans les comptes rendus des assemblées délibérantes.

« Au dessous, des professeurs instruits, mais parlant trop *ex cathedra;* faisant à des écoliers, ou inertes, ou endormis, des leçons que ces derniers doivent répéter par cœur, en laissant dans leur esprit, non des idées, mais des mots. De conversations et de discussions, jamais ! De travaux individuels, pas davantage. Rien enfin, absolument rien de ce qui met l'esprit en éveil, provoque le raisonnement et la réflexion, et fortifie le jugement par l'usage !

« Au dessous encore, des êtres que je ne sais comment nommer, triste personification, aux yeux des élèves, d'un règlement détesté, sans dignité, sans influence, réduits au rôle d'Argus, qu'on trompe le plus qu'on peut et sans remords de conscience, espèce de boucs émissaires chargés de porter les péchés du peuple, et placés là, semble-t-il, comme une démonstration vivante des vices et des inconvénients de tout le système !

« Et, comme il faut, dans un système bien ordonné, que tout découle du même principe et s'inspire du même esprit, il en sera de la religion et de la morale, ces deux choses les plus intimes et les plus profondes, comme il en est de tout le reste : forme, étiquette, discipline, et rien de plus. Ces choses sacrées s'incarneront dans un monsieur noir, qui dispensera tous les autres, y compris le Directeur, de s'en occuper. Elles s'exprimeront dans un catéchisme le plus sec, le plus abstrait qu'un esprit d'homme puisse concevoir, bizarre amas de formules, aussi incapable de communiquer la vie qu'une pierre ou qu'un glaçon. Ajoutez à cela quelques pratiques vaines sans signification pour l'esprit, sans prise sur la conscience et sans attrait pour le cœur, et vous aurez le bilan complet de l'actif religieux et moral que le système comporte.

« Ce n'est pas tout. Un tableau si magnifique demande un cadre digne de lui. A un troupeau d'esclaves quelle demeure voulez-vous donner? Une caserne? C'est trop bien encore. Non, un cloître ou une prison. Voyez-vous ce grand bâtiment noir, au centre d'une ville, bien près des gendarmes, qui dresse ses hautes murailles et ne laisse entrer le jour que par ses soupiraux étroits et ses fenêtres barricadées? C'est là, sous cette lumière amoindrie, dans cet air dosé au moral comme au physique, que la jeunesse se forme au grandes luttes et aux nobles travaux de la vie!

« Les effets d'un pareil régime sont aussi simples à constater qu'ils étaient aisés à prévoir. Le premier, — qui de nous ne l'a entendu dire à son père ou à son aïeul? — c'était un dégoût profond, une horreur involontaire à la pensée de ce martyre précoce sous lequel avait gémi leur enfance. Ces années, toutes d'espérance et d'illusions, selon l'ordre de la nature; ce printemps de la vie, comme l'ont nommé les poëtes, où les plus belles fleurs ne demandent qu'à s'épanouir aux rayons du plus doux soleil, attristé, assombri par une discipline odieuse et un travail rebutant, ne laissait dans l'âme des meilleurs qu'un souvenir abhorré.

« Le second, — fruit d'une déplorable hygiène, je devrais dire, du renversement de toutes les lois de l'hygiène, — c'était d'énerver les corps et de n'y laisser croître qu'une impressionnabilité maladive au détriment du sang et des muscles, précipitant ainsi les générations successives par la pente la plus rapide à la dégénérescence, à l'abâtardissement, à la mort.

« Le troisième résultat de l'ancien système, — conséquence inévitable d'une méthode d'enseignement tout extérieure et mécanique, — c'était de produire des esprits faux, superficiels et paresseux, des ergoteurs subtils, d'insipides rhéteurs, incapables d'aller au fond d'une idée, s'éblouissant eux-mêmes et quelquefois les autres par le vain étalage d'une science creuse, faits pour produire ou pour goûter cette littérature malsaine, dont notre pays a eu trop longtemps le monopole exécré. Seul, nous le proclamons avec reconnaissance, messieurs, l'enseignement des sciences, bien qu'incomplétement pratiqué, a préservé la France du nihilisme intellectuel et préparé le réveil auquel nous assistons aujourd'hui. »

— Très-bien ! dit une voix forte, que je reconnus pour être celle de Martin.

Charles s'était beaucoup animé. Il poursuivit

d'une voix qui me parut trahir un peu de fatigue :

« Il faut bien achever, messieurs, cette triste nomenclature. Je serai bref autant qu'on peut l'être en un tel sujet, sur les effets de la méthode d'autorité au point de vue moral et religieux. C'est là surtout qu'elle devait porter et qu'elle a porté tous ses fruits.

« A quoi attribuer, je vous prie, cet affaissement des caractères, cet énervement des consciences, cet oubli de la notion du devoir, cette soif de jouissances, cet égoïsme féroce, et pourquoi n'oserions-nous pas le dire ? cette immoralité débordante, qui ont fait la honte de notre pays et qui ont failli le précipiter dans des abîmes sans fond ? A bien des causes, je le veux, mais tout d'abord, n'en doutez pas, à un système d'éducation, qui semblait ordonné en vue de produire et de multiplier ces déplorables résultats.

« A la place de la conscience, vous aviez mis un règlement ? Le règlement ôté, vous

vous êtes trouvés en face d'une table rase.

« Dix années entières, vous aviez tenu cet enfant, puis cet adolescent, puis ce jeune homme serré dans d'étroites lisières. Le jour où, rompant brusquement ces liens, vous lui avez dit : « Il est temps, sois homme ! » il est tombé et sa chute a été si lourde, qu'il ne s'en est pas relevé.

« Vous aviez étouffé en lui avec soin tout sentiment d'indépendance et tout germe d'initiative ! A la première difficulté, au premier danger il a pris peur et il s'est donné un maître, le premier venu !

« Au point de vue religieux, c'est plus triste encore. Révolte insensée, soumission aveugle, scepticisme et fanatisme, la France a vu ces deux monstres s'échapper du même antre, poursuivre la même carrière, se combattre et se soutenir tout ensemble, et, chose plus bizarre encore, se donner le baiser de paix dans les mêmes cœurs, étouffant dans cette union hybride les derniers restes de la dignité humaine, de la pudeur et de la vertu ! »

Un frisson circula dans l'assemblée à ces derniers mots de Charles. Nous demeurâmes la tête basse, immobiles et silencieux : nous étions comme atterrés par la vérité sombre de ce tableau.

« Il est bien doux, messieurs, de pouvoir reposer sur des scènes plus riantes son cœur et ses regards attristés. Dieu merci, nous n'en sommes plus à attendre et à saluer de loin, comme une sorte de terre promise, la reconnaissance et la mise en action d'un meilleur principe.

« Le principe de liberté voit se rallier à lui toujours plus les bons esprits de notre temps, et sa supériorité est indiscutable, fondée qu'elle est sur une expérience déjà longue et sur des faits multipliés.

« Je sais bien qu'il y a comme une sorte d'outrecuidance à parler avec faveur de choses auxquelles on est mêlé si étroitement,

« Et quarum pars parva sumus. »

« Je sais que je puis avoir l'air d'adresser aux fondateurs, aux professeurs, au Directeur de ce collége des compliments intéressés. Mais aussi, qui peut parler mieux que nous des bienfaits d'un système, dont nous avons été, si je puis dire, la matière inerte, dont nous nous sentons devenir toujours plus les collaborateurs passionnés?

« Qu'on nous amène ici, continua Charles, les disciples, dirai-je? ou les victimes de la méthode d'autorité : je les mets au défi de parler avec la même chaleur que nous du charme de leurs relations et de l'attrait de leurs travaux. Il n'en est pas un seul, qui, demeuré huit jours parmi nous, voulût rentrer dans sa prison, et il n'est pas un d'entre nous, qui, vingt-quatre heures seulement, pût supporter leur collier maudit! »

Charles avait accentué ces derniers mots avec une énergie extraordinaire. Il s'exalta jusqu'au lyrisme, en prononçant les suivants :

« Oui, elle a prévalu, elle l'emporte, elle grandit, elle écrasera bientôt sa rivale, la méthode de liberté. O ma patrie, réjouis-toi ! Les enfants que tu portes dans ton sein fécond, nous en ferons des hommes pour te servir par la science et par la vertu ; et, si jamais tu en as besoin, tu trouveras en eux, par surcroît, des soldats intrépides, des héros et des martyrs ! »

Ici Charles fut plus qu'un orateur, ce fut un prophète. Il semblait qu'il nous eût pris par les cheveux et soulevés sur nos bancs. Il y eut dans la salle un délire indescriptible : on applaudissait, on trépignait, on se prenait les mains, je crois même, parole d'honneur ! qu'on s'embrassait un peu. J'aurais donné je ne sais quoi pour presser Charles dans mes bras, je lui faisais des signes qui m'eussent fait passer pour fou si tout le monde n'eût été atteint de la même folie que moi.

Cependant Charles s'était surmené à tel point, qu'il se laissa tomber sur sa chaise, ruisselant de sueur et brisé de fatigue.

A la faveur du tumulte, le médecin s'approcha du Directeur et lui dit à voix basse que, vu l'accident de la veille, il jugeait prudent d'interrompre la conférence.

Le Directeur se leva aussitôt, fit connaître en peu de mots le résultat de sa conversation avec le Docteur et déclara à Charles et à l'assemblée que, malgré son extrême regret, il se voyait forcé de lever la séance.

— Oui, oui, Monsieur le Directeur a raison, cria-t-on de plusieurs côtés.

Il n'en est pas moins vrai que jamais déception plus forte ne succéda sans transition à enthousiasme plus délirant, et j'entendis derrière moi, articulé par plusieurs voix féminines, un magnifique « quel dommage ! » que je m'administrai goutte à goutte à titre de réconfortant.

Charles sentit à l'accent du Directeur qu'il n'y avait pas à répliquer. Il réprima toute marque de mécontentement et descendit de la tribune avec un air de modestie, qui lui valut de nouveaux suffrages.

Comme il passait derrière moi, un de ses camarades, du groupe dont je parlais tout-à-l'heure, lui lança l'épithète de « mazette, » que j'entendis très-distinctement.

Je bondis comme un lion blessé et, me retournant du côté d'où l'apostrophe était partie, je lançai un regard foudroyant qui resta complètement sans effet,

« Telum imbelle sine ictu. »

Je vis Charles s'asseoir en fronçant le sourcil. En même temps, le vicomte se leva, fit claquer ses doigts comme pour demander la parole, la prit sans qu'on la lui eût accordée et dit d'une voix un peu traînante mais fort nette :

— J'étais le premier orateur inscrit pour répondre à quelques points du discours que vous venez d'entendre... en partie ; mais, si Monsieur le Directeur et l'assemblée le désirent, je renonce volontiers à la parole.

J'ai oublié de dire que le conférencier du jeudi était obligé de communiquer son manuscrit quelques jours d'avance à ceux de ses camarades qui le lui demandaient, deux ou trois au plus, — lesquels pouvaient s'inscrire, soit pour en développer certains points, soit pour en réfuter certaines idées, la critique directe étant réservée à l'assemblée des professeurs devant le conférencier seul, à huis clos.

Cela dit pour expliquer l'intervention du vicomte. Le Directeur se tourna de son côté :

— Je ne vois aucune raison, dit-il, pour vous priver de la parole. Je vous demande pardon de mon oubli et je vous invite à monter à la tribune.

Le jeune homme ne se le fit pas dire deux fois. Il planta solidement son binocle sur son nez, et descendit les degrés d'un pas lent et solennel. Monté à la tribune, il toussa longuement, se moucha d'une façon sonore et avala deux ou trois gorgées du verre d'eau auquel Charles n'avait pas touché. Puis il commença :

« Mesdames et Messieurs, »

« Je ne me dissimule pas la difficulté qu'il y a à répondre, pour le combattre en quelques points, au discours que vous venez d'entendre..., en partie. »

La manière dont il accentua, pour la seconde fois, ces derniers mots me causa un agacement indicible : je l'aurais pilé !

Il poursuivit :

« Il est toujours facile de faire vibrer les cœurs par ces beaux mots de « dignité, » de « liberté, » « d'indépendance, » et nous n'y sommes pas plus insensible qu'un autre, vous pouvez nous croire. Mais la froide raison nous oblige à réprimer ce qu'il peut y avoir d'excessif dans ces mouvements, plus généreux que réfléchis.

« Nous l'avouons, malgré tout ce qu'on peut dire en faveur de l'application des nouveaux principes à l'éducation et à tout le reste, nous ne pouvons nous défendre d'un sentiment de respect, et, nous allions dire de regret, en songeant à un passé que l'on se hâte trop peut-être de regarder comme évanoui.

« Il ne nous est pas possible d'entrer dans

une discussion approfondie. Nous nous contenterons de soumettre quelques questions à l'attention de nos auditeurs.

« La méthode de liberté substituée à sa rivale, soyons plus juste, à sa sœur aînée et appliquée dans tous les domaines, ne doit-elle pas avoir pour effet de détruire à la longue toute idée de hiérarchie, tout sentiment de respect, de développer le goût d'une concurrence échevelée, d'une ambition sans frein et de constituer le monde dans un état de guerre permanent?

« N'y avait-il pas dans le vieil état de choses, qui marquait à chacun sa place et ne permettait qu'au génie d'en sortir, une stabilité, une force et des garanties de durée, dont nous sommes bien loin maintenant? Les individus n'y trouvaient-ils pas, à tout prendre, des éléments de bonheur qui leur échappent aujourd'hui, avides qu'ils sont de le chercher dans l'inconnu et bien souvent dans l'impossible?

« N'y avait-il pas dans ce rôle attribué à certains hommes d'être les dépositaires des saines traditions, les gardiens-nés de l'autorité et de la justice, quelque chose de noble et de grand qui enflammait leurs cœurs et les rendait vraiment dignes, dans la mesure de la faiblesse humaine, de leur auguste mission? Sommes-nous sûrs de voir sortir des flots de ce démocratisme qui monte une élite et, pourquoi ne dirions-nous pas le mot? une aristocratie plus digne de nous donner l'exemple et de marcher à notre tête?

« Et, pour entrer sur un terrain plus spécial et plus près de nous, ces méthodes à la fois savantes et pratiques par lesquelles on nous instruit, n'ont-elles pas pour inconvénient de développer chez plusieurs une disposition d'individualité dangereuse, et de les lancer à corps perdu dans la voie des découvertes et des chimères, au lieu de les maintenir sur le terrain solide des faits acquis? Le véritable talent, le génie saura d'autant mieux se frayer sa route, qu'on n'aura pas trop pris soin de la débarrasser d'avance des ronces et des obstacles. Quant aux médiocrités prétentieuses, il vaut mieux qu'elles restent dans leur obscurité.

— Amen, murmura une voix derrière moi.

— Tu y resteras assez, malgré ton lorgnon, ajouta un autre.

« J'éprouve, continua le vicomte avec une moue pleine de dédain, une véritable répugnance à rapprocher encore plus la discussion, comme l'a fait le conférencier de ce soir, de nos études et de nos personnes. Je reconnais, comme lui, les avantages du régime auquel nous sommes soumis dans cette maison, mais je les rapporte bien plutôt à la science de ceux qui nous enseignent qu'à la méthode par laquelle ils nous enseignent. Cette méthode a été employée, on le sait, avec des succès divers. En tout cas, il serait téméraire de nous poser avant le temps pour ses défenseurs acharnés, et, sans parler du ridicule, nous nous exposerions à de sérieux mécomptes en nous donnant nous-mêmes comme des exemples de ses effets. »

Ces paroles, aggravées par le ton dont elles

étaient dites, firent l'effet d'un coup de cravache cinglé en plein visage de Charles. Aussi le silence glacial, qui avait accueilli le commencement du discours du vicomte, se changeait-il déjà en un murmure désapprobateur, lorsqu'un coup de sifflet, parti du milieu de la salle, arrêta net les manifestations aussi bien que le discours et plongea l'assemblée entière dans une véritable stupeur.

Le vicomte, pâle de colère, paraissait chercher du regard son audacieux interrupteur. Le Directeur se leva et, d'une voix impérieuse, que je ne lui connaissais pas :

— Que celui qui a fait cela, dit-il, se lève immédiatement, je l'ordonne.

— C'est moi, répondit sans hésitation un petit jeune homme à la chevelure noire, dans lequel je reconnus aussitôt Raymond.

Il se dressa en même temps, comme un coq sur ses ergots, et planta ses deux yeux de feu dans le binocle du vicomte d'un air qui voulait dire :

— Tu sais, je ne te crains pas!

— Monsieur Raymond, dit le Directeur, sortez immédiatement et montez dans votre chambre! Vous saurez bientôt ce que je pense de vous.

L'élève obéit sans répliquer. Le Directeur, se tournant alors vers l'assemblée, lui exprima ses regrets dans un langage plein de courtoisie et de grâce, qui nous mit du baume dans le sang, en nous montrant un homme parfaitement maître de soi et de la situation. Il congédia l'assistance et lui donna rendez-vous pour le jeudi suivant, en lui promettant, le sourire sur les lèvres, que de pareils incidents ne se renouvelleraient pas.

La foule s'écoula lentement au milieu de conversations animées.

Au moment où le vicomte descendit de la tribune, Charles et lui se coudoyèrent. Ils échangèrent quelques mots à voix basse et se séparèrent aussitôt.

Je sentis un bras, venant tout doucement

par derrière, se glisser sous le mien et, avant que j'eusse eu le temps de me retourner, ces mots frappèrent mon oreille :

— Le Directeur a bien fait de flanquer Raymond à la porte, mais avouez que ce flandrin de vicomte ne l'avait pas volé.

C'était Martin.

— Vous savez, poursuivit-il, c'est l'usage, après la conférence, que nous montions prendre le thé chez le Directeur. Le besoin s'en fait sentir plus qu'à l'ordinaire. Allons.

Les gens de la ville s'étaient retirés. Les élèves du quartier des grands, qui assistent toujours à ces exercices et qui souvent y prennent part, étaient partis avec un de leurs professeurs. Ceux de la maison, rentrant dans leurs chambres, remplissaient l'escalier et les corridors de leurs conversations bruyantes. Quelques professeurs nous avaient devancés, d'autres venaient derrière nous. Je montai bras dessus bras dessous avec Martin et nous fûmes bientôt tous réunis dans le salon du Directeur.

CHAPITRE X.

DOUBLE DÉNOÛMENT.

Pendant qu'on servait le thé, le Directeur m'attira dans l'embrasure de la fenêtre. En jetant machinalement les yeux sur la terrasse que la lune inondait de sa clarté, je vis distinctement plusieurs ombres glisser le long d'un taillis, puis se perdre sous les grands arbres. J'allais le faire remarquer au Directeur, lorsqu'il prit la parole, et, d'un ton, sous le sérieux apparent duquel je crus démêler un peu d'ironie :

— Voilà, dit-il, des événements bien graves et bien faits pour ébranler une foi naissante comme la vôtre.

— Je ne vous dissimule pas que j'admire votre sang-froid, et que je ne me sentirais pas capable d'en avoir autant. Ces rivalités, qui s'étalent en public, me paraissent très-déplorables, et je trouve le profit de vos conférences acheté bien cher à ce prix.

— Ainsi, à ma place, vous préféreriez...

— Je ne préférerais rien, cher Monsieur. Plus que jamais je suis entre le pour et le contre. Certes, je n'ai guère de tendresse pour l'air triste et monotone de nos vieux lycées. Cependant, il y avait là une correction...

— Extérieure, Monsieur, extérieure.

— Extérieure, soit. Mais il ne faut pas mépriser la forme, et elle a bien toujours quelque rapport avec le fond.

— Vous connaissez la notion de l'ordre dans nos vieilles sociétés politiques?

— Il me semble, un peu; mais je serais embarrassé d'en donner la définition.

— Il suffit. Hé bien! système politico-social, système d'éducation, c'est tout un: l'ordre ici, l'ordre là, c'est exactement la même chose. Un règlement uniforme, qui plie toutes les volontés, et des gendarmes en assez grand nombre pour faire obéir. C'est d'une simplicité parfaite, et cela fait très-bien à l'œil ; mais, mais...

— Ah ! il y a un mais.

— Vous voyez même qu'il y en a déjà deux et je pourrais les faire suivre d'une foule d'autres. Voulez-vous que je vous en fasse donner la série par mes professeurs? Vous allez voir.

Il se retourna sur ces derniers mots. Les domestiques achevaient de desservir.

— Messieurs, dit le Directeur d'une voix très-haute, qui domina le bruit des conversations, nous avons à causer de choses importantes, sur lesquelles j'ai besoin d'avoir votre avis. Ayez la bonté de vous asseoir.

Il me montra un siége tout près de lui.

— Mettez-vous là, me dit-il.

Quand tous les professeurs furent assis, il prit la parole :

— Messieurs, vous avez tous éprouvé ce soir comme moi un sentiment pénible, et peut-être un doute s'est-il élevé à cette occasion dans l'esprit de quelques-uns d'entre voūs. Il ne faut bien souvent qu'un fait pour révéler les dangers et les inconvénients d'un système. N'y aurait-il pas, dans ce qui s'est passé ce soir, l'indice que nous sommes allés trop loin dans l'application de notre méthode et une sorte d'avertissement de revenir un peu en arrière? L'observation m'en a été faite, il n'y a que quelques instants, par une personne désintéressée, et je me demande s'il ne serait pas juste d'en tenir compte.

Il me sembla voir quelques regards se diriger de mon côté. J'aurais volontiers tiré la manche du Directeur pour lui dire : « assez! »

— Que penseriez-vous, Messieurs, poursuivit-il, d'une proposition tendant à supprimer nos conférences?

— Oh! Monsieur le Directeur!

Ce cri partit de toutes les poitrines avec l'ensemble le plus touchant. Un étonnement pénible se peignit sur tous les visages, et des conversations animées s'engageaient déjà de plusieurs côtés, quand le Directeur reprit ;

— Je comprends votre étonnement, Messieurs. Cependant il est bon d'envisager les questions sous toutes les faces et nous ne pouvons nous dissimuler, après ce qui vient de se passer sous nos yeux, que des rivalités, des... luttes funestes prennent dans nos réunions publiques de trop faciles prétextes de se produire. Pour faire disparaître l'effet, le plus simple n'est-il pas de supprimer la cause?

Un professeur prit la parole :

— Mais, Monsieur le Directeur...

Le Directeur me poussa le coude.

— Voilà le premier, me dit-il, prenez note.

— ... N'appelleriez-vous point cause ce qui n'est qu'une occasion? Ni nos conférences, ni rien de ce qui se fait dans le collége ne me paraît être la cause, la cause efficiente, j'entends, des luttes qui peuvent se produire entre nos élèves. Cette cause est dans la diversité des goûts et des opinions, et je suis loin de croire qu'il faille la supprimer, celle-là, car c'est la condition et le signe de la vie.

— Il y a dans l'opinion que vient de formuler notre honorable collègue, dit Victorin, de ce ton lent et sentencieux que nous connaissons, une très-notable part de vérité. Toutefois, son optimisme me semble excessif. Outre la cause, très-légitime, qu'il vient d'indiquer, il en est une autre, qu'on ne peut nier malheureusement : elle réside dans le fond de notre nature corrompue, dans la jalousie, dans l'envie, dans des antipathies peu avouables et souvent mal justifiées. Mais, je me hâte de le dire...

— Et de deux, me souffla le Directeur.

—... Pour faire disparaître cette cause de trouble, la première condition est de la connaître; or, comment la connaîtrons-nous, si nous ne la laissons pas se manifester ? Nier le mal ou le couvrir de fleurs est un mauvais moyen de le combattre. L'office d'un sage médecin est d'en étudier avec soin tous les symptômes et d'y appliquer à chaque moment le remède convenable. Le régime d'autorité a précisément le tort, à mes yeux, de cacher le mal, de le laisser tranquillement faire ses ravages à l'intérieur et de ne le laisser paraître au-dehors que quand il est devenu incurable. Je me résumerai en deux mots : que la cause de la lutte soit un bien ou un mal, il est également fâcheux, au point de vue d'une saine éducation, d'en empêcher les manifestations extérieures. A nous seulement, Messieurs, de nous conduire en conséquence.

Martin partit à son tour. Il y avait un grand moment qu'il faisait craquer sa chaise sous le poids de son opulente personne qui se démenait en tous sens :

— Je me placerai à un autre point de vue, Messieurs, à notre point de vue, à nous. Qu'il convienne à des hommes de routine, à des timides, à des... lâches, de supprimer par des règlements oppressifs les libres élans et, pourquoi ne pas dire le mot? les libres écarts des caractères individuels, c'est très-bien. Mais, pour nous, Messieurs...

— N'oubliez pas de noter, au moins, me dit mon voisin.

— Pour nous qui aimons nos élèves sans les craindre, c'est une autre affaire. Il y a un mot, qui condamne pour moi plus fortement que tout le reste le régime où M. le Directeur nous propose de rentrer : c'est le régime de la peur.

Le Directeur n'eut pas l'air de se formaliser de la vivacité de Martin, au contraire.

— Permettez-moi, commença le professeur de littérature de son air fin en se caressant la barbe, de ramener la discussion sur le terrain plus spécial où M. le Directeur l'a placée et de vous dire mon opinion sur nos conférences. Je la résumerai dans une série d'aphorismes, ou plutôt d'antithèses qui auront l'avantage de dire tout en peu de mots.

— Attention, me glissa le Directeur à l'oreille, voici le grand défilé qui commence.

— Ces exercices ont certainement pour effet d'exciter et de mettre en jeu l'amour-propre de nos élèves. *Mais,* l'amour-propre étant un des stimulants les plus énergiques de l'activité des hommes et surtout de celle des enfants, je trouve qu'il serait absurde de nous priver de ce moyen.

« Nos conférences donnent à l'individualité de chacun des occasions de s'affirmer même avec excès. *Mais,* comme l'individualité, à tout prendre, est le signe qui distingue une personne d'une chose et un homme d'un animal, je voudrais plutôt augmenter que diminuer le nombre des causes qui la développent.

« Il y a sans doute dans ces entretiens et dans la forme que nous leur avons donnée, matière à des oppositions, à des contradictions, à des luttes. *Mais,* comme la lutte, celle des idées, s'entend, est la condition essentielle du mouvement des esprits, le grand levier de la recherche et le générateur de la lumière, je crois qu'on aurait tort de la sacrifier à des questions de convenance très-secondaires.

« Je reconnaîtrai volontiers encore...

— Il n'y a pas de raison, mon cher B..., pour que vous vous arrêtiez dans cette voie, dit le Directeur en l'interrompant doucement. Pour moi, ce que vos collègues et vous venez de dire me suffit amplement. Je me déclare convaincu et,.. je maintiens les conférences.

— Ah !

Ce soupir de soulagement s'échappa de toutes les poitrines avec la même unanimité que le « oh ! » de tout à l'heure.

— Et vous, Monsieur, fit le Directeur en m'interpellant tout à coup, que pensez-vous de tout cela ?

Je devins rouge comme un coq et je balbutiai à demi voix :

— Je pense, je... pense exactement comme vous, Monsieur le Directeur.

Depuis un moment déjà un domestique était entré dans le salon et se tenait immobile près de la porte, attendant sans doute l'occasion de placer un mot. Le pauvre homme avait l'air tout bouleversé ; mais notre attention était si fortement attachée ailleurs, que nous ne l'avions pas remarqué.

— Monsieur le Directeur, fit-il d'une voix tremblante, il se passe un fait très-grave. Il manque plusieurs élèves là-bas, dans les chambres.

Le Directeur fronça le sourcil, son regard s'alluma d'une manière terrible et il bondit plutôt qu'il ne se leva de son siége.

— Êtes-vous bien sûr de ce que vous dites, Pierre ?

— Mais... Monsieur le Directeur, sans doute, puisque je l'ai vu de mes yeux.

— Combien manque-t-il d'élèves ?

— Cinq ou... six, si je ne me trompe.

— Cinq ou six ! et vous n'avez aucun indice sur leur disparition ?

— Non, monsieur le Directeur.

— Martin, mettez-vous immédiatement en campagne pour découvrir ces jeunes gens. Il faut absolument que vous les retrouviez et que vous les ameniez ici. C'est à vous que la surveillance appartient, et vous auriez dû...

— Mais, monsieur le Directeur, qui pouvait supposer...

— Allez, monsieur, ne perdez pas une minute.

Je n'ai jamais vu visages plus sérieux, au milieu d'un silence plus solennel.

Martin devint de toutes les couleurs; son émotion était si grande, qu'il lui fallut plus d'une minute pour trouver son chapeau, qu'il avait juste sous la main.

Au moment où il allait sortir, je m'adressai timidement au Directeur qui, debout, immobile, les bras croisés, regardait.

— Monsieur le Directeur, lui dis-je, j'ai vu tout à l'heure, en jetant un regard par la fenêtre, plusieurs personnes se glisser à l'extrémité de la terrasse à droite, le long d'un massif. Voulez-vous que j'accompagne Monsieur Martin pour lui montrer...

— C'est inutile, Monsieur, je vous remercie

de vos indications, M. Martin en profitera.

Martin sortit, la tête basse; le domestique le suivit.

Le Directeur s'assit lentement. Personne n'osait lever les yeux, ni dire un mot. Il rompit enfin le silence.

— Il faut ici une leçon, Messieurs, une leçon sévère. Quels que soient les coupables, il faut leur ôter, à eux et à d'autres, l'envie de recommencer. Que ce soit aussi une leçon pour nous, de ne pas nous relâcher une minute dans notre surveillance. Liberté, soit; mais responsabilité aussi, pour les maîtres comme pour les élèvès. Je donnerais je ne sais quoi...

A ce moment, nous entendîmes un bruit de pas et de voix, comme une sorte d'altercation qui avait lieu sur la terrasse. Comme l'une des croisées était entr'ouverte, nous pûmes saisir des lambeaux de phrases comme ceux-ci : « Ce n'est pas fini... Nous verrons... Les lâches... Je ne monterai pas ! » La voix de Martin dominait le tumulte, et nous pûmes nous apercevoir, au grondement de son tonnerre, qu'il ne plaisantait pas.

Le groupe se rapprocha, gravit l'escalier extérieur, entra dans le vestibule, monta en dedans, et nous attendîmes avec une anxiété indicible, pendant deux minutes qui nous parurent deux siècles, que la porte du salon s'ouvrît.

Je n'oublierai de ma vie l'expression qui se peignait sur le visage du Directeur. Ses traits, ordinairement empreints de douceur et de bienveillance, et qui s'étaient illuminés tout à l'heure d'un éclair d'indignation, avaient subitement revêtu la calme et inflexible majesté de la justice. Les jambes croisées, la main droite dans son gilet, la tête immobile, il regardait la porte et attendait.

La porte s'ouvrit enfin, et nous entendîmes la voix grondante de Martin.

— Entrez !

Six jeunes gens, Charles M... en tête, entrèrent l'un après l'autre. Ils portaient le front bas et il y avait dans leurs vêtements, aussi bien que dans leur coiffure, un désordre étrange. J'eus peine à reconnaître le petit Raymond, tant il était ébouriffé. Charles seul conservait un air de dignité relative et presque de fierté, qui me fit plaisir.

Martin venait par derrière, traînant presque deux élèves, dont ses mains serraient les bras comme deux étaux. Il les jeta en quelque sorte au milieu de l'assemblée, en disant au Directeur :

— Les voilà.

Le vicomte était un de ces derniers. J'ai rarement vu mine plus piteuse et costume plus débraillé. Son pauvre lorgnon brisé pendait sur sa poitrine et une large tache noire remplaçait le verre absent autour de son œil. Il y porta lestement la main, moins par l'effet de la douleur sans doute, que pour cacher la marque et la honte d'une défaite.

L'infortuné Martin se laisser tomber sur une chaise, épuisé.

— Je vois ce dont il s'agit, Messieurs, dit

le Directeur, sans changer d'expression, ni d'attitude, d'une voix qui s'éleva par degrés, à mesure qu'il parlait. Il s'agit d'un combat, d'une bataille épique; quelque chose comme les mêlées d'Homère. C'est noble, et je proposerai cela, comme sujet de composition, à vos camarades. Et quoi! poursuivit-il en changeant de ton, voilà l'effet de nos bontés pour vous et des leçons que nous vous donnons!... C'était vraiment la peine de nous servir ce soir des tirades sur l'éducation pour aboutir à ce résultat. Savez-vous, Messieurs, ce que vous venez de faire? Je ne vous ferai pas l'honneur de vous dire: une chose détestable. Non, Messieurs, une chose ridicule et stupide, et la confusion que vous éprouvez est un heureux indice que vous le sentez comme moi. Si je ne voyais dans votre conduite l'effet d'un entraînement irréfléchi; si je n'avais la certitude que votre conscience parle en ce moment plus fort que moi-même, je n'aurais d'autre parti que de vous mettre tous, vous entendez bien, tous! à la porte de ce collége, comme des fauteurs de mauvais exemple et des gamins incorrigibles. J'attends mieux de vous, Messieurs. J'espère que vous aurez à cœur de racheter cette folie coupable par une conduite, où je pourrai voir les marques d'un repentir sincère. En attendant, vous ne vous étonnerez pas si je vous inflige un châtiment sévère : il faut qu'on sache bien dans ce collége que de tels actes ne restent jamais impunis. Je vous ferai connaître demain ma décision à cet égard. J'ai besoin d'y réfléchir et d'en causer avec vos professeurs. D'ailleurs, il y a là des responsabilités diverses, et il faut que je commence par les fixer.

Il se leva, et, après avoir promené un regard scrutateur sur les six jeunes gens immobiles :

— Louis Raymond, Alexis de F... et Charles M..., restez! Les trois autres peuvent sortir.

Puis, se tournant vers Martin :

— Comme je ne sais plus jusqu'à quel point je puis me fier à la loyauté de ces Messieurs, je prie Monsieur Martin de vouloir bien accompagner ces trois élèves jusqu'à leurs chambres.

Ils sortirent.

— Maintenant, Messieurs, à nous! fit le Directeur en s'asseyant. Vous, Raymond, d'abord. Je ne crois pas que vous soyez le plus coupable dans cette affaire, mais vous êtes certainement le plus étourdi et le plus léger. J'ai trois actes graves à vous reprocher ce soir. D'abord, ce coup de sifflet inconvenant et ridicule, doublement inconvenant et doublement ridicule chez un garçon qui se pose dans le collége comme le champion des idées libérales. Le premier caractère du libéralisme, sachez-le, c'est de savoir supporter les idées qui nous déplaisent. Vous vous êtes conduit là comme un jeune homme fort peu libéral et, par-dessus le marché, fort mal élevé.

« Je vous ai renvoyé dans votre chambre,

et j'ai été vraiment trop bon de ne pas vous dire publiquement ce que je viens de vous dire devant ces messieurs. Vous savez que je n'entends pas raillerie, monsieur, et que, quand je donne un ordre, et surtout un ordre aussi motivé, aussi... bienveillant, je veux qu'il s'exécute à la lettre. Pourquoi avez-vous quitté votre chambre? »

Le jeune homme releva un peu la tête, passa la main dans ses cheveux pour en réparer le désordre, et répondit d'une voix ferme, mais sans insolence :

— J'étais à me déshabiller, monsieur le Directeur. Un élève, en passant, a entr'ouvert la porte de ma chambre, et m'a crié : « Tu dors, Brutus!... Pends-toi, brave Crillon!... On se bat sur la terrasse, on assomme tes amis, et tu n'y es pas! » Je l'avoue, à ces mots, je n'y ai plus tenu et je suis parti. Je sais, ajouta-t-il plus lentement d'une voix que l'émotion faisait trembler, que j'ai commis une grande faute envers vous; je vous en demande pardon et j'accepte de bon cœur la punition que vous m'infligerez.

Comme il disait ces mots, une grosse larme perla au coin de son œil, roula sur sa joue et tomba sur le parquet. Il baissa la tête, et d'autres larmes suivirent le même chemin que la première.

Nous ressentîmes tous, et mon voisin tout le premier, le contre-coup de cette émotion honnête. Le Directeur reprit d'un ton légèrement radouci, après un silence :

— Je ne veux rien dire de la part que vous avez prise dans la bataille, et dont l'état dans lequel vous êtes témoigne suffisamment. Vous n'avez pas été l'instigateur, cela suffit. Vous pouvez vous retirer.

Martin rentrait à ce moment. Il retourna sur ses pas pour accompagner Raymond.

— Maintenant, messieurs, dit le Directeur, nous voici en face des deux vrais coupables. Mais, même ici, les responsabilités ne sont pas égales : il y a un provocateur, et il faut que je le connaisse.

— Je vous demande pardon, monsieur, dit Charles, d'un ton très-ferme, nous avons les mêmes torts et nous devons avoir la même punition.

— C'est bien, je ne veux pas insister. Retirez-vous, messieurs, nous allons délibérer. Vous, vicomte, je vous autorise à aller faire panser vos blessures.

Le vicomte releva la tête et, d'un air tragique qui faisait contraste avec l'état de sa toilette et de sa personne :

— Je n'entends pas, monsieur, dit-il en essayant de regarder le Directeur en face, être traité comme un esclave.

Le Directeur pâlit. Il se contint, mais son visage prit une expression de dédain, plus terrible que la colère.

Il se leva, mit lentement les mains dans ses poches et, toisant le vicomte du haut de sa grande taille avec un regard qui lui fit baisser les yeux :

— Vous ne pouvez pas vous figurer, mon ami, dit-il, combien vous êtes sot et ridicule en ce moment. Savez-vous que vous nous feriez croire, vicomte, que la correction que vous avez reçue ce soir était méritée? Puisse-t-elle être un avertissement de celles que votre stupide orgueil vous vaudra plus tard dans le monde, si vous ne vous corrigez pas! Vous êtes trop heureux d'avoir affaire à des maîtres bienveillants, qui ont infiniment plus à cœur de vous améliorer que de vous punir. Si je n'avais pour vous les sentiments d'un père, que la conduite de son fils afflige encore plus qu'elle ne l'irrite, vous auriez déjà senti qu'on ne me brave pas impunément.

— Monsieur, balbutia le jeune homme d'une voix étouffée, je ne veux plus rester ici.

— Vous me faites pitié, mon ami. Votre père vous a confié à moi et je n'ai à répondre qu'à lui de votre personne. Il sera informé demain de votre conduite et nous déciderons ensemble de votre sort. Jusque-là, vous ne sortirez pas de votre chambre. Martin, ayez l'obligeance d'accompagner Monsieur, donnez-lui ce dont il peut avoir besoin et enfermez-le à clé.

Alexis de P... se sentit vaincu et se retira la tête plus basse que lorsqu'il était entré. En passant près de Martin, son bras parut se souvenir de la vigueur de ce dernier : il le serra contre son corps avec une sorte d'effroi.

Charles fit mine de suivre son camarade. D'un geste, le Directeur le retint.

Quand la porte fut refermée, il lui adressa la parole. On sentait vibrer l'affection sous la rigidité de la voix.

— Comment se fait-il qu'un garçon comme vous, Charles, se soit laissé entraîner dans une aussi grossière aventure ? Comment n'avez-vous pas compris qu'il n'en pouvait résulter pour vous que de la honte et des regrets ? Vous jetez le trouble dans le collège, vous attristez vos maîtres, vous compromettez des camarades, et, tout cela, pourquoi? Pour un faux point d'honneur, pour une misérable gloriole, que votre raison vous ordonnait de fouler aux pieds. Qui ne sait pas se vaincre soi-même et supporter la contradiction ne sera jamais un homme.

— Ah? monsieur le Directeur pourrait croire...

— Quoi! ce n'est pas par suite d'une divergence d'idées et d'une sorte de pique avec le vicomte...

— Ah! monsieur, s'il n'y avait que cela... Il y a bien longtemps que je reçois des coups d'épingle. Mais il y a des choses qui touchent là trop directement, — il porta la main à son cœur, — pour qu'on puisse les supporter.

Le Directeur fit un léger mouvement et faillit perdre contenance. Il se remit bien vite et reprit :

— Mais quelle étrange idée, d'aller se battre la nuit, au clair de lune, comme les loups, au coin d'un bois!

— C'est bien vrai : c'est une absurdité, une folie. Que voulez-vous? Cela couvait depuis si longtemps... on n'est pas maître du moment où cela éclate.

— Et qui a réglé le choix des armes?

Charles se redressa, et, à mesure qu'il parlait, il s'anima de plus en plus.

— Je l'avoue, monsieur le Directeur, c'est moi. Le vicomte avait apporté ses fleurets et il se flattait de m'égratigner à peu de frais le bras, la poitrine ou la figure : je n'ai jamais manié une arme! Mais je ne l'ai pas voulu et, comme il me traitait de lâche, j'ai sauté sur les fleurets, je les ai brisés comme un verre et jetés de toutes mes forces au milieu du bois; puis je lui ai crié : « en garde avec nos armes naturelles! Je vais te faire voir quel est le lâche de nous deux. » Là-dessus, j'ai retroussé mes manches et la bataille a commencé. Les deux témoins du vicomte se sont mis alors de la partie et, comme nous n'étions que deux, Duval et moi, contre trois, nous commencions à avoir du dessous, lorsque Raymond est arrivé comme un ouragan. Sa présence a rétabli l'équilibre, et peut-être que nous taperions encore, comme des imbéciles que nous étions, si M. Martin n'était survenu et ne nous avait séparés.

— Oui, oui, s'écria Martin, qui était rentré depuis un moment et qui se ragaillardissait à vue d'œil au récit de Charles, les coups pleuvaient comme grêle, pif! paf! Le petit Raymond surtout faisait des prodiges et, si je n'étais pas arrivé, je crois que le vicomte et ses acolytes n'auraient pas tardé à crier merci. Franchement...

Le Directeur comprit le danger qu'il y avait à laisser se prolonger cette scène. Il interrompit Martin et, s'adressant à Charles :

— Entrez un moment dans mon cabinet, dit-il, j'aurai peut-être à vous rappeler tout-à-l'heure

Quand Charles fut parti :

— Il s'agit maintenant, messieurs, de savoir quelle punition nous devons infliger à ces jeunes gens. Quel est votre avis ?

— Si monsieur le Directeur me permet de dire toute ma pensée, dit un professeur, je ne trouve pas le cas bien pendable. Des gamins qui se battent, cela se voit tous les jours. Il faut les punir, sans doute, mais non d'une façon trop sévère.

— Quant à moi, dit un autre, je trouve que le vicomte n'a eu que ce qu'il méritait ; c'est bien fait.

— Si l'on écoutait mon avis, dit un troisième, nous flanquerions le vicomte à la porte. Au fond, c'est lui, c'est son orgueil intolérable, qui est cause de tout le mal. Pour les autres, je crois que l'admonestation de M. le Directeur et une privation de sortie suffiraient.

— Je ne veux pas vous faire marchander, messieurs, dit le Directeur, sur la quotité. J'accepte ce que vient de dire notre collègue pour les complices, sauf Raymond, qui a une dette particulière à payer. Je repousse l'idée de chasser le vicomte, et, malgré ce qu'il peut paraître y avoir d'excessif dans ma demande, je désire que sa punition et celle de Charles soient égales. Je propose pour chacun d'eux quatre jours de retenue dans leur chambre et une privation de sortie indéfinie, que je me réserve de lever, quand leur conduite me permettra de juger l'effet produit suffisant.

« Mais, Messieurs, ajouta-t-il sur un autre ton, tout cela ne serait rien, si nous ne profitions les premiers de l'avertissement que les faits viennent de nous donner. Il y a là l'indice d'un état moral fâcheux, qui ne peut être combattu que par une direction convergente de toutes nos volontés vers le même but. Prenons texte de là, Messieurs, pour combattre cette détestable idée que la force est l'*ultima ratio* de tout. Faisons la guerre à tous les sentiments tortueux et bas, qui ne peuvent aboutir qu'à des œuvres ténébreuses. Montrons le prix que nous attachons à la sincérité, à la droiture, au respect de la dignité humaine en soi-même et chez les autres. Surtout ne négligeons pas notre surveillance.

— Monsieur le Directeur, dit Martin, ceci est une nouvelle pierre dans mon jardin.

— Non, mon ami, dans le mien d'abord, car je me rends le témoignage de m'être un peu négligé depuis quelque temps. De grâce! Messieurs, ne l'oublions pas, la méthode de liberté, appliquée à l'éducation comme à tout le reste, n'est pas la méthode des paresseux, mais celle des vaillants et des forts. Notre devise doit être : « Debout et les cœurs en haut! » Mais je vous ai retenus déjà trop longtemps, Messieurs, à demain.

— Et Charles! dit Martin, en s'approchant du Directeur.

— Soyez sans inquiétude : je le reconduirai.

On se serra la main, et l'on se sépara, rasséréné et fortifié par les paroles du Directeur.

Celui-ci, dès que nous fûmes seuls, se laissa

tomber dans un fauteuil. Il s'allongea, la tête en arrière et les yeux fermés, comme un homme qui se recueille et cherche des forces pour un nouveau combat.

— Ce n'est pas tout, dit-il en rouvrant les yeux au bout de quelques secondes et en se passant la main sur le front ; le plus difficile est à faire. Quelle journée, mon Dieu! N'importe, je me sens plus fort; et puis, il le faut.

Il ouvrit la porte de son cabinet.

— Charles! dit-il à demi-voix, comme un homme qui craint de se faire trop entendre.

— Me voici, Monsieur le Directeur.

Charles parut étonné de ne voir là que le Directeur et moi. Il comprit immédiatement, — je le vis à son émotion, — qu'il s'agissait d'autre chose que de la continuation de la scène précédente.

Le Directeur paraissait avoir oublié de son côté tout ce qui venait de se passer.

— Mon pauvre Charles, dit-il lentement, avec un accent de douceur et de tristesse qui ne ressemblait guère à son ton de tout à l'heure, il était écrit que ce jour serait pour nous deux une journée d'émotion, une journée... critique. Vous avez écrit à Amélie, Charles : voici votre lettre.

Charles avait beau être préparé, cette brusque interpellation le démonta. Il fit un mouvement en arrière et ne trouva pas une syllabe à répondre.

Après un silence, le Directeur reprit avec effort, en pesant sur ses paroles et en regardant Charles à la dérobée :

— Si j'ai bien compris ce que vous avez dit tout à l'heure, vos sentiments pour Amélie ne seraient pas étrangers à la bataille de ce soir.

— C'est vrai, Monsieur le Directeur.

Cela me confirme dans ma résolution. Vous sentez-vous le courage, Charles, de supporter une grande épreuve ?

Le pauvre garçon pâlit horriblement ; il recula d'un pas et fut obligé de se tenir à la table pour ne pas tomber.

Le Directeur ne parut pas s'en apercevoir.

— Amélie quitte demain le collége. Elle n'y reviendra qu'aux vacances, quand vous et vos camarades serez partis.

— Ainsi, Monsieur, mes sentiments, mes espérances... s'écria Charles avec éclat.

— Qui vous a dit? reprit le Directeur froidement. Vous ne savez jamais attendre, Charles. Je n'ai pas fini.

Un rayon d'espoir passa sur le visage du jeune homme. Il demeura le corps en avant, les bras à moitié ouverts, comme un homme qui supplie et qui attend.

— Je n'ai rien à vous dire des sentiments d'Amélie; ce n'est pas mon affaire, elle vous les fera connaître dans un moment. Je m'en réfère simplement à votre lettre : vous reconnaissez vous-même que vous devez mériter ma fille. C'est mon sentiment aussi. Je ne la donnerai, de mon plein gré du moins, qu'à un jeune homme instruit, laborieux, honnête, et de mœurs irréprochables. Vous sentez-vous capable de remplir ces conditions ?

— Pour mademoiselle Amélie, je me sens capable de tout, même de mourir.

— Mon bon ami, il est plus facile de mourir que de vivre. Je vous demande de vivre, moi, comme un homme et comme un chrétien. Le voulez-vous ? Le ferez-vous ?

— Vous avez raison, Monsieur, dit Charles en se contenant : promettre et tenir sont deux. Je sais que j'ai beaucoup de défauts, que je suis plus qu'un autre exposé à bien des piéges, mais... si vous voulez bien m'aider...

— Bien. J'aime mieux cela. La première condition du succès est de ne se faire aucune illusion sur les difficultés de l'entreprise. Soyez toujours modeste, Charles, soyez humble, et vous vaincrez certainement. D'ailleurs, ajouta-t-il en me regardant, nous vous aiderons et, si ce que je vais vous dire peut être un encouragement, je désire votre victoire... presque autant que vous.

Du même mouvement, nous nous précipitâmes, Charles et moi, vers le Directeur; nous prîmes chacun une de ses mains et nous la pressâmes avec force.

Charles s'était laissé tomber à genoux :

— Vous êtes mon bienfaiteur, Monsieur, s'écria-t-il avec transport, vous êtes mon père !

— Relevez-vous, Charles; remettez-vous, Messieurs, j'exige de vous beaucoup de calme pour ce qui va se passer encore.

Il sonna.

— Dites à mademoiselle Amélie que je l'attends, dit-il à la femme de chambre.

Nous demeurâmes cloués à nos places, comme des statues de marbre. Deux minutes après, Amélie entra. Elle était vêtue de noir et il était facile de voir à son visage qu'elle avait pleuré.

Sans hésitation et d'un pas ferme, elle fut droit à Charles et lui tendit la main, que celui-ci retint machinalement, comme un homme qui a l'air de ne pas bien se rendre compte de ce qui se passe.

— Monsieur Charles, dit-elle, en écrivant cette lettre, vous ne saviez pas le mal que vous feriez à mon père et par contre-coup à moi. Je n'ai pas l'intention de vous faire de la peine en disant cela, mais je désire que vous aimiez et respectiez mon père, comme il mérite d'être respecté et aimé, comme je le chéris moi-même. Promettez-moi de vous conduire envers lui comme le fils le plus soumis et le plus tendre, et de le consoler, s'il se peut, de l'absence de votre... fiancée.

A ce dernier mot, elle retira vivement sa main de l'étreinte de Charles et courut se jeter en rougissant dans les bras de son père.

Le visage du jeune homme était transfiguré, radieux. D'un geste spontané, magnifique, il éleva le bras droit, et s'écria d'une voix vibrante :

— Monsieur le Directeur, mademoiselle Amélie et vous, dont je porte le nom et qui représentez ici mon père, je vous le jure à tous trois devant Dieu qui m'entend, je serai un homme, et, si ce que je sens là ne me trompe pas, un grand homme !

Je me précipitai vers lui ; je le pris dans mes bras, je pressai sa tête dans mes mains, je l'arrosai de mes larmes, je le nommai cent fois mon fils, jusqu'à ce que, vaincu par la fatigue et brisé d'émotion, je sentis le sol se dérober sous mes pas et je me laissai rouler à terre dans un état d'insensibilité complète.

Quand je revins à moi, je me redressai d'un bond et je me mis à crier de toutes mes forces : « Charles ! Monsieur le Directeur ! Amélie ! »

Je sentis une vive impression de fraîcheur. Trois hommes, des flambeaux à la main, étaient près de moi. De grands arbres m'environnaient de toutes parts et j'entendis à quelques pas la rivière, dont le bruit monotone troublait seul le silence de la nuit.

— Eh bien ! Eh bien ! A qui en avez-vous ? me dit une voix bien connue. Vous étiez en bonne compagnie, à ce qu'il paraît. Charles, Monsieur le Directeur, Amélie ! Que diable est-ce là ?

Mon interlocuteur partit à ces mots d'un grand éclat de rire. C'était mon hôte, « grand chasseur devant l'Éternel, » dont j'ai dit quelques mots au commencement de cette histoire.

— Vous nous avez donné une fière inquiétude, reprit-il bientôt. Il y a plus de vingt-quatre heures que nous vous cherchons, et il faut un merveilleux hasard pour que nous vous retrouvions ici. Que diantre avez-vous fait pendant tout ce temps, et qui a pu vous amener là ?

Je voulus faire un pas, mais je me sentis endolori et courbaturé de tous les côtés.

— Ah ! mon ami, lui dis-je, je ne donnerais pas pour cent mille francs, malgré le rhumatisme que j'ai gagné très-probablement, ce que je viens de voir et d'entendre. Il faut que je le couche sur le papier tout de suite, tout de suite, de peur...

— Il faut que vous vous couchiez vous-même d'abord, car vous me paraissez être dans un pitoyable état. Demain, si vous êtes mieux, je vous permettrai de faire ce que vous voudrez.

— Promettez-moi, lui dis-je, que pendant huit jours entiers vous me laisserez absolument seul dans ma chambre. Il me faut ce temps pour écrire tout ce que j'ai là. Je vous ferai juge après, si je suis le plus fou ou le plus heureux des hommes.

Je m'appuyai sur son bras et nous rentrâmes.

Une heure après, j'étais dans un bon lit bien chaud. Tout en bénissant Dieu dans mon âme, je voyais repasser sous mes yeux tous les personnages et toutes les péripéties de mon rêve, plus heureux mille fois de ces ombres fuyantes, que d'autres ne le sont des plus palpables réalités.

Huit jours durant, je ne bougeai de ma chambre, ne donnant à mes repas et au sommeil que le temps indispensable.

Mon œuvre terminée, je descendis radieux au salon et, mettant mon manuscrit entre les mains de mon ami, je lui dis :

— Lisez !

Il le lut, presque avec autant de suite, ma foi, que j'en avais mis à l'écrire.

En me le rendant, quelques heures après, il me dit :

— Mon cher, vous aviez raison. C'est la première fois que je vois se réaliser la parole du poète, que « le bien vient en dormant. »

TABLE

Saint-Denis — Imprimerie J. Brochin, rue de Paris, 94,

www.ingramcontent.com/pod-product-compliance
Ingram Content Group UK Ltd.
Pitfield, Milton Keynes, MK11 3LW, UK
UKHW012016240726
13965UKWH00002B/407